Until I Come

By Jim Hockaday

Until I Come
ISBN 1-893301-05-2
Copyright ⓒ 2002 by Jim Hockaday
P. O. Box 839
Broken Arrow, OK 74013

Printed in the United States of America.
All rights reserved under International Copyright Law.
Contents and/or cover may not be reproduced in whole or in part
in any form without the express written consent of the Author.

Korean, Korea Edition Copyright
ⓒ 2021 by Word of Faith Co.
All rights reserved.

내가 올 때까지

발행일 2021. 6. 23. 1판 1쇄 인쇄
        2021. 6. 26. 1판 1쇄 발행

지은이 짐 호카데이
옮긴이 장마리아
발행인 최순애
발행처 믿음의말씀사
2000. 8. 14 등록 제 68호
(우) 16934 경기도 용인시 기흥구 신정로 301번길 59
Tel. 031) 8005-5483 Fax. 031) 8005-5485
http://faithbook.kr

ISBN 89-94901-95-7 03230
값 13,000원

＊성경 번역본 표기
별도의 표시가 없다면, 모든 성경 말씀은 한글 킹 제임스 성경에서 인용된다.
저자는 성경 인용에서 어떤 말씀들을 강조하였으나, 원래 성경에서는 강조되지 않는다.

＊본 저작물의 저작권은 '믿음의말씀사'가 소유한다.
저작권법에 의해 보호를 받는 저작물이므로 무단 전재와 복제를 금한다.

내가 올 때까지

"내가 하는 일을 너희도 하리라"

짐 호카데이

믿음의말씀사

헌정사

주 예수 그리스도와 성령님의 도우심에 감사드리면서, 나는 이 책을 아름다운 아내 에린과 세 딸 앨리와 드류와 클로에에게 바친다. 남편과 아버지 역할을 하는 나에게 사랑으로 지지해 주고 감사하면서 변함없이 내 곁에 있어 준 것에 감사한다. 그대들은 우리 삶에 대한 하나님의 부르심을 순종할 수 있도록 나에게 엄청난 격려가 되어 주었다. 나는 모두를 영원히 사랑하고 언제나 존중할 것이다.

나는 또한 우리 가족과 사역에 신실하게 시간을 바쳐준 사랑이 넘치고 경건한 부모님들에 대해 하나님께 감사드린다. 어머니와 아버지, 정말 사랑합니다.

| **목차** |

머리말 _ 6

서론 _ 9

01 예수님의 일들 _ 13

02 예수님의 치유사역 _ 31

03 하나님은 항상 중재자가 필요하셨다 _ 45

04 당신이 누구인지 생각하라 _ 69

05 당신 안에 있는 하나님의 영광을 보라 _ 83

06 하늘의 생각들 _ 103

07 한량없는 성령 _ 117

08 당신이 선물이다 – 성령의 은사가 역사하는 법 _ 133

09 하나님은 항상 일하신다 _ 157

10 하나님의 형상으로 _ 173

11 하나님은 모세를, 예수님은 바울을, 바울은 디모데를 훈련하였다 _ 203

12 당신이 알 때, 능력이 흐른다 _ 235

결론 _ 257

살아가야 할 말씀 _ 259

저자에 관하여 _ 267

| 머리말 |

어느 날 아침 소수의 사람들과 기도하다가 아주 흥미로운 경험을 하였다. 기도는 잘 되었지만 뭔가 부족하였다. 우리는 손을 잡고 계속 기도했다. 그렇게 하자, 즉시 나는 성령 안에 있게 되었다.

요한 사도가 요한계시록 1:10에서 그런 경험에 대해 기록하였다. **내가 주의 날에 성령 안에 있었으며 나팔 소리 같은 큰 음성을 내 뒤에서 들었는데.** "내가 성령 안에 있었다"는 말은 "성령이 나를 사로잡았다"고 말하는 것과 마찬가지이다. 이 말은 그 순간에 영적인 영역이 내게 아주 실제적이었다는 것을 의미한다. 사실, 자연적이거나 물리적인 영역보다도 더 실제적이었다.

나는 이 환상에서 아주 커다란 책꽂이처럼 보이는 것 앞에 서 있었다. 이 책꽂이는 아무것도 없는 곳 한가운데에 매달려 있는 것처럼 보였으나 내 주변은 아주 천상의 분위기 같아 보였다. 좀 더 열심히 보다가 선반에 두루마리들이 많이 있다는 것을 알게 되었다. 각 두루마리는 약 30cm였고 선반에 가지런히 놓여 있었다.

이 어마어마한 책꽂이를 쳐다보면서 내가 가능한 많은 두루마리를 펴 볼 수 있다는 것을 내적으로 알게 되었다. 그래서 선반에서 잇따라 두루마리를 꺼내어 내용을 읽어보려고 펼쳤다. 그러나 글을 읽기도

전에 두루마리의 내용이 곧바로 내 배나 영으로 전해졌다. 잠언 20:27이 말하는 대로였다. **사람의 영은 주의 촛불이라. 뱃속에 있는 모든 깊은 부분들을 살피느니라.**

이 환상에서 내가 두루마리를 전부 열 수 없다는 것이 확실했지만 여전히 계속 펴 보았다. 그러는 동안 내 왼쪽에서 어떤 사람이 다가 오는 것을 알았다. 보려고 돌아서자 말을 타고 있는 사람이 보였다. 그 사람이 내게 가까이 올 때까지 나는 되도록 많은 두루마리를 계속 열어 보았다.

말을 탄 사람을 보았을 때 그가 예수님이 아니라는 것을 알았다. 그의 모습은 천사 같았다. 그는 나에게 열쇠를 주고 정보를 제공하도록 보냄을 받은 사자였다. (천사의 나타남은 초대교회 시대에 종종 일어 났고 마지막 시대가 다가올수록 더욱 증가할 것이다.)

이 천사 같은 존재가 왼손을 옷 안에 넣더니 아주 작은 두루마리 같은 것을 꺼냈다. 그러고는 처음으로 내게 말했다. "나는 네가 동참했던 신비를 열어 줄 열쇠를 주기 위해 왔다. 이것을 가져다가 먹어라."

그런 다음 사자는 나에게 두루마리를 건네주었다. 나는 그것을 받아 입에 넣었다. 그 두루마리가 특별한 맛이 있었다는 기억은 나지 않지만, 빠르게 녹아서 삼킬 수가 있었다.

다음으로 사자는 그의 왼손으로 나의 왼쪽 팔을 잡으려고 했다. 나를 말 위로 들어 올리려는 것을 알 수 있었고 그렇게 하게 두었다. 그러자 우리는 말을 타고 책꽂이를 떠나고 있었다. 아주 고요했던 주변이 갑자기 악몽으로 변했다. 우리는 이제 하늘에 있었다.

말을 타고 산으로 올라갔다. 주변은 온통 어두웠다. 어둡고 청명한 밤에 들판에 나와 있는 것처럼 별들을 볼 수 있었다. 우리가 산꼭대기에 닿았을 때 천사는 나를 내려놓고 말했다. "네가 받은 것을 이제 선포하라."

이 경험을 통해서 나는 혼자 서 있다는 것을 알게 되었고, 선포하라고 위임받은 일이 내가 상상하는 것과는 상당히 다를 것이라는 점을 인지하였다. 그러나 또한 주님이 따르는 표적들을 통해 말씀을 확증하시면서 (막 16:20) 나와 함께 하실 것을 알았다.

이 간증을 나누는 목적은 내 경험으로 당신의 생각에 영향을 미치려는 것이 아니다. 다른 영적인 경험과 마찬가지로 이 환상이 하나님의 말씀으로 점검되고 분별되어 이것을 받아들이는 사람들에게 축복이 되기를 소망한다.

마음을 열어 이 책에 제시된 진리를 면밀하게 검토하고 하나님의 말씀에 따라 판단하기를 권고한다. 나는 이 책에 기록된 메시지가 주님이 오시기 전 마지막 시대에 그리스도가 하신 일들을 효과적으로 하기 위해, 그리스도의 몸이 반드시 행해야 하는 성령의 영역, 곧 성령 안에 있는 장소와 방들에 접근하게 할 열쇠를 줄 것이라고 굳게 믿는다.

| 서론 |

　우리의 때가 종말에 가까운 듯하다. 우리 주 예수 그리스도가 곧 재림하실 것이라는 징후들이 아주 분명한 메시지를 보여주는 전광판처럼 널리 나타나고 있다. 어떤 세대도 이렇게 많은 예언이 성취된 것을 보지 못했다. 그러나 우리 세대는 슬픔의 시작에 불과한 일의 직전에 놓여 있다.

　『내가 올 때까지』라는 이 책의 제목은 누가복음 19:11-28에서 예수님이 말씀하신 비유에서 따왔다. 이 비유는 예수님의 재림을 열렬하게 기다리는 제자들에게 요구되는 근면성을 언급한다. 13절은 말한다. **그리하여 자기의 종 열 명을 불러 그들에게 열 므나를 주며 말하기를 '내가 올 때까지 장사하라'고 하였더니.** 간단히 말해서 "위임받은 일을 열심히 하라."고 예수님은 말씀하셨다.

　히브리서 11:6은 우리에게 말한다. **그러나 믿음이 없이는 하나님을 기쁘시게 할 수 없나니, 하나님께 나아가는 자는 그분이 존재하시는 것과 그분이 자기를 열심히 찾는 자들에게 보상하는 분이심을 마땅히 믿어야 하느니라.** 누가는 예수님이 "내가 올 때에 세상에서 믿음을 찾아 보겠느냐?"(눅 18:8)라고 제자들에게 질문하셨다고 기록한다. 다시 말하자면, 예수님은 다시 오실 때 믿음을 실천하고 있을 사람이 있는지 알기 원하셨다.

수년 전에 의료 시설에 서비스를 제공하는 관리회사에서 일하는 동안 여기에 적용되는 중요한 교훈을 배웠다. 언젠가 내가 한 직원에게 병원의 특정 병동을 소독하라고 지시하였다. 지시는 아주 간단하였고 추가 정보가 필요 없다고 생각하였다.

어떻게 일을 했나 점검하려고 돌아갔을 때, 이 간단한 임무를 맡겼던 그 직원이 물이나 소독제를 사용하지 않고 바닥에 걸레질을 하고 있는 것을 발견하고 충격을 받았다! 내가 그에게 복도를 "청소하고 소독하는" 방식을 묻자, 그는 "당신이 물이나 소독제를 사용해야 한다고 말하지 않았습니다."라고 대답했다.

그 순간 나는 특정한 일에 요구되는 사항을 구체적으로 그리고 상세하게 설명하지 않으면 애초에 의도했던 결과를 기대할 수 없다는 귀중한 진리를 배웠다.

청소하고 있던 그 사람이 *자기* 방식으로 계속 일을 했더라면 바닥은 여전히 지저분하고 비위생적인 모습으로 남아있었을 것이다. 그뿐 아니라, 사람들도 우리 회사가 맡겨진 일을 실제로 잘 처리할 수 있는지 의아해했을 것이다. 그러나 내가 주의 깊게 지시를 내리고 그대로 일을 했었더라면, 그 일은 완전하게 수행되었을 것이다. 수행된 일의 질quality은 그가 내 지시를 따랐다는 것과 그 일에 대한 나의 목적이 효과적으로 이루어졌다는 것을 증명했을 것이다.

유사하게, 아버지 하나님은 인류를 위해 아주 구체적이고 상세한 계획을 가지고 계신다. 예수님은 이 일을 성취하려는 정확한 목적을 지니고 이 땅에 오셨다. 예수님은 세세한 것을 전부 다룸으로써 모든 영역에서 승리하면서 이 목적을 성공적으로 수행하셨다. 예수님의 위대한 승리로 말미암아 그분의 권세를 교회에 위임하여 그분의 뜻이 이 땅에서 계속 시행될 수 있었다.

로마서 8:19, 22에서 사도 바울은 모든 피조물이 하나님의 아들들이 나타나기를 기다리며 탄식한다고 말한다. 필립스 번역본에서 19절은 말한다. **모든 피조물이 하나님의 아들들이 그들 자신이 되는 놀라운 광경을 보기 위해 이제나저제나 기다리고 있다.** 코튼 패치 번역본은 말한다. **사실, 우주의 애틋한 꿈은 진짜 살아 있는 하나님의 아들들을 힐끗 보는 것이다.**[1]

우리가 하나님의 신성한 뜻 가운데 걸으며 그 뜻을 공공연히 표현할 때에야 비로소 세상은 하나님의 아들들의 나타남을 인식할 것이다. 예수님은 아버지를 그대로 똑같이 보여주셨다. 우리는 그리스도를 나타내어야 한다. 세상이 보고 경험할 수 있도록 우리가 하나님의 영광을 나타낼 때 그들은 우리가 제시하는 복음을 믿고 받아들일 것이다.

『내가 올 때까지』의 메시지가 당신에게 도전을 주어 골로새서 3:2 (메시지 성경)에 나오는 예수님의 훈계에 순종하게 되기를 간절히 기도한다. **위를 바라보고 그리스도 주위에 무슨 일이 일어나고 있는지에 주목하십시오. 정말 중요한 일이 벌어지고 있는 곳은 바로 그곳입니다! 그분의 관점으로 사물을 보십시오.**

---

[1] 클레런스 조던, *바울 서신의 코튼 패치 번역본*(뉴욕, 뉴욕: Association Press, 1968)

예수님의 지상 사역과 그분의 일을 똑같이 해야 하는 당신의 능력과 책임을 이해하지 못한다면, 당신의 목표는 주님이 당신의 삶에 대해 가진 높은 기대감에 거의 미치지 못할 것이다. 그러므로 이 책을 읽을 때 이것을 생각하라. 즉, 당신이 믿는 것이 당신의 삶 속에 그리고 다른 사람들의 삶 속에서 결과를 낳고 있는가? 그렇다면, 당신 스스로 만들어 놓은 한계 너머로 나가서 더 많은 것을 하도록 영감을 받을 것이다.

그러나 하나님의 능력이 당신 삶 속에 그리고 당신 삶을 통해 움직이는 것을 경험하고 있지 않다면, 선입견을 버리고 반대편으로 갈 준비를 하라고 권고한다. 이 책이 끝날 즈음에는, 당신의 고양된 기대감만으로도 당신 자신과 다른 사람들을 위해 하나님이 갈망하시는 결과를 낳게 될 것이라 믿는다. 이 시대가 종말로 가고 있으므로, "*내가 올 때까지, 내가 행하는 그 일들을 너희도 할 것이요*"(요 14:12)라고 하신 주님의 명령을 당신이 이해하고 효과적으로 따랐다는 것을 알면, 주님의 재림을 확신에 차서 기다릴 것이다.

01
예수님의 일들

예수님은 이 땅에서 사역하시는 동안 큰 확신과 완전한 권세를 가지고 많은 기적을 행하셨다. 예수님은 그와 같은 굴하지 않는 담대함으로 마귀와 종교 지도자들에게 도전하셨다. 그러나 예수님이 그분의 사역에 대해 하신 모든 주장 가운데 이보다 더 충격적인 것은 없는 듯하다. 그분은 말씀하셨다. **진실로 진실로 내가 너희에게 이르노니, 나를 믿는 자는 내가 행하는 그 일들을 할 것이요 또 이것들보다 더 큰 일들도 하리니 이는 내가 내 아버지께로 가기 때문이라**(요 14:12, 흠정역)

확실히 구원의 사역은 예수님만이 할 수 있었던 사역이었다. 신성을 지니신 예수님만이 죄의 값을 지불할 수 있었고 자신의 죄 없는 보혈로 우리의 구원을 살 수 있었다. 그러나 예수님은 성령의 기름부음을 받은 인간으로서 이 땅에서 사역하시면서 기적과 능력의 일들을 행하셨기에 우리도 같은 일을 할 수 있다.

사도 요한은 예수님이 행하신 것들이 이 외에도 많으니 만일 그것들을 낱낱이 기록한다면 이 세상이라도 그 기록된 책들을 두기에 부족할 것이라고 했다(요 21:25). 그래서 나는 질문한다. 정말 당신이 예수님이 하셨던 일들과 더 큰 일들을 할 수 있다고 믿는다면 무엇을 할 것인가? 어떻게 행동할 것인가? 매일의 삶을 어떻게 살겠는가?

말씀 : 하나님의 능력의 열쇠

성경이 말하는 대로, 예수님이 정기적으로 주로 하셨던 일들은 가르침과 복음전파와 치유였다. 교회는 예수님의 치유사역에 거의 관심을 두지 않고 앞의 두 가지 사역을 강조하느라 대부분의 시간을 보냈다. 그러나 가르침과 복음전파를 통해 하나님의 말씀을 사역하는 것은 이 땅에서 예수님이 하셨던 일을 수행하기 위해 믿는 자들이 책임으로 받아들여야만 하는 가장 중요한 일임이 틀림없다.

믿음은 들음에서 오며 들음은 하나님의 말씀에서 오기(롬 10:17) 때문에 우리는 모두 복음의 좋은 소식을 나누어야 한다. 말씀은 그리스도인의 삶의 방식에 사용 설명서이자 영감의 역할을 한다. 그러므로, 말씀을 전파하는 것은 구원을 위해서뿐 아니라 구원의 유익을 경험하기 위해 믿음을 불어넣는 최고의 방법이다.

요한복음에서 우리는 예수님 그분이 곧 하나님의 말씀인 것을 볼 수 있다.

태초에 말씀이 계셨고, 그 말씀이 하나님과 함께 계셨으니, 그 말씀은 하나님이셨느니라. 그 말씀이 태초에 하나님과 함께 계셨느니라. 만물은 그에 의하여 지은 바 되었으며, 이미 지음받은 것 가운데 그가 없이 지어진 것은 아무것도 없더라.   요한복음 1:1-3

이 구절은 하나님의 말씀의 중요성과 능력을 보여 준다. 14절에서 요한은 계속 말한다.

그 말씀이 육신이 되어 우리 가운데 거하시므로, (우리가 그의 영광을 보니, 아버지의 독생자의 영광으로) 은혜와 진리가 충만하더라.

같은 방식으로, 오늘날에도 하나님의 말씀이 선포되고 받아들여지면 하나님의 영광이 나타날 것이다.

하나님의 능력이 지속적으로 나타나는 것을 경험하기 위해 제일 우선되는 전제조건은 하나님의 말씀이다. 그렇기 때문에 요한복음 12:49, 50에서 보듯이 예수님이 완전히 아버지의 말씀에 복종하셨던 것이다.

이는 내가 스스로 말한 것이 아니고 나를 보내신 아버지께서 내가 말할 것과 이를 것을 명하셨음이니 나는 그분의 계명이 영생임을 아노라. 그러므로 내가 말하는 것은 무엇이나 아버지께서 나에게 말씀하신 것을 그대로 이르는 것이라고 하시더라.

예수님은 아버지의 말씀이 권세를 지녔을 뿐 아니라 그 말씀을 지지하는 능력을 지니고 있다는 것을 인지하셨다. 그 능력은 진리를 듣고 받아들이는 모든 사람에게 영생을 나누어주는 하나님의 능력이다. 그러한 이유로 예수님은 앞서 "내가 너희에게 이르는 말들은 곧 영이요 생명이니라."(요 6:63)고 말씀하셨다.

예수님은 이 땅에 사실 때 인간으로서 사셨다. 예수님은 이 세상에서 누릴 수 있는 어떠한 독특한 이점이라도 모두 비우셔서 완전히 인간과 같이 되셨으므로 인간의 신실한 대제사장이 될 수 있었다(히 2:17). 예수님은 신성한 생명으로 충만한 인간으로 이 땅에서 사셨지만 동시에 하나님의 아들이셨다. 속량의 아름다움은, 믿는 자들로서 우리도 역시 신성한 생명으로 충만하고 하나님의 아들들이라고 불린다는 것이다(요일 3:1).

예수님은 극도로 훈련되어 있었으며, 하나님이 하시는 말씀이든지 기록된 말씀이든지 그의 아버지의 말씀에 순복하셨다. 따라서 예수님은 말씀을 빛으로 가져올 수 있었다.

나는 주께서 마태복음 8:16, 17에서 하신 일에 대해 읽기 좋아한다. **주께서 주의 말씀으로 그 영들을 쫓아내시고 병든 자들을 모두 고쳐주시니라. 그렇게 하심은 선지자 이사야를 통해 말씀하신 것을 이루려 하심이니, 말씀하시기를 "그가 친히 우리의 연약함을 맡으시고 우리의 질병을 짊어지셨느니라."고 하셨더라.** 예수님이 어떻게 성령의 능력을 나타내셨는지 주목하라. 예수님은 *이미 기록된 말씀에 따라 그렇게 하셨다.*

디모데후서 3:16은 말한다. **모든 성경은 하나님의 영감으로 주어진**

것으로 교리와 책망과 바로잡음과 의로 훈육하기에 유익하니. 그다음에 우리는 베드로후서 1:21에서 읽는다. **예언은 예전에 사람의 뜻에서 나온 것이 아니요 오직 하나님의 거룩한 사람들이 성령으로 감동을 받아 말한 것이니라.**

성령이 사람들을 감동하여 하나님의 말씀을 기록하게 하셨고 바로 그 신성한 감동이 오늘날 성경을 읽고 행하는 우리들을 위해 말씀 안에 거하고 있다. 하나님의 영이 성경을 기록하도록 사람들 위에 움직였던 것처럼, 우리가 동일한 영원한 진리를 행하거나 반응할 때 우리 위에서 움직일 것이다.

말씀은 단순한 정보 이상이다

하나님의 말씀 안에 있는 능력은 그 자체로도 충분하다. 다시 말하면, 말씀은 스스로 서게 될 것이다. 이사야는 하나님의 말씀은 어떤 상황에도 공허하고 무의미하거나 효력없이 돌아오지 않을 것이고 하려고 보낸 일을 이루고 번성할 것이라고 말했다(사 55:11). "이루다"와 "번성하다"라는 말은 말씀이 생산할 능력을 지니고 있다는 것을 나타낸다.

하나님의 말씀을 단순한 정보로 보기 쉬우나 말씀은 정보 그 이상이다. 말씀이 정보만을 주기 위한 것이라면 우리가 말씀을 다른 사람들에게 전할 때 어떤 일도 일어날 것이라 기대할 수 없을 것이다.

그래서 오늘날 많은 믿는 자들은 다른 사람들에게 사역하는 말씀이 기름부음과 진정한 계시로 풀어질 때 만족한다. 그러나 그들은 말씀이 듣는 자들의 삶에 실재를 만들어 내는 한 가지 목적을 위해 기름부어진다는 것을 잊어버린다. 믿는 자들이 말씀이 결과를 낳기를 기대하지 않는다면, 결국 능력이 없는 종교적 신념에 집착하게 될 것이다(딤후 3:5).

말씀을 정보로만 보는 것은 기만적인 함정이다. 예수님의 사역을 생각해 보라. 예수님은 말씀을 전파하셨을 때, 그 말씀이 단순한 정보가 아니라 진리를 담는 살아 있는 용기container로서 영감을 받은 것임을 아셨다. 사실, 예수님은 성령과 하나님의 생명이 그의 말씀 안에 실제로 거한다는 것을 믿으셨다. 그 결과, 예수님의 말씀은 믿음으로 그 말씀을 듣고 받아들였던 모든 사람의 영과 몸에서 삶을 변화시키는 효과가 있었다.

다윗도 역시 이 진리를 붙잡았다. 시편 119:154에서 그는 하나님께 **"주의 말씀대로 나를 소생시키소서"**라고 기도했다. 다윗은 말씀이 소생시키고, 살아나게 하고, 말한 대로 행하는 능력이 있다는 것을 이해했다.

하나님의 말씀 안에 있는 능력

히브리서 4:12(TLB)에서 사도 바울이 한 말을 생각해 보라.

하나님께서 우리에게 하신 말씀은 살아 있는 능력으로 충만합니다. 날이 선 칼보다도 더 날카로워 우리 마음 속에 있는 생각이나 욕망까지도 가르고 그 정체를 드러내게 합니다.

우리가 어떤 진리나 사고를 특별한 방식으로 배우면, 그 신념의 옳고 그름과 상관없이 그것은 우리에게 평범한 것이 된다. 우리는 그것들을 받아들일 수 있는 상태를 갖추게 되는 것이다.

예를 들면, 많은 사람들이 전파되는 하나님의 말씀을 듣는 것에 익숙하지만 그 말씀이 실제로 나타나는 것은 거의 보지 못한다. 따라서, 그들은 "따르는 표적으로" 전파되는 말씀을 본 사람들처럼 결과에 대해 기대하지 않는다. 이런 사람들이 말씀을 받고 반응하는 방식은 그들에게 익숙한 설교방식presentation을 받아들이는 상태가 되었다.

수년에 걸쳐 나는 한 사람이 하나님과 관계를 맺게 되는 방식이 그 개인이 미래에 경험하게 될 일의 기준이 된다는 것을 관찰하였다. 그 사람이 말씀을 전통적이거나 종교적인 사고와 혼합하는 가르침 아래에 앉아 있다면, 그러한 인위적인 교리들은 하나님과 동행하는데 방해가 될 것이다.

흔히 그리스도인들은 하나님과 그들을 기꺼이 축복하려는 하나님의 갈망에 대한 잘못된 개념에 묶여 수년 동안 영적 행보에 있어 고군분투한다. 그렇기 때문에 하나님은 **"내 백성이 지식의 부족으로 멸망하는도다"** (호 4:6)라고 말씀하셨다. 하나님의 뜻과 하나님의 성품에 대한 지식의 부족이 멸망을 가져온다는 말은, 하나님의 말씀과 하나님의 뜻에 대한 지식은 생명을 낳게 된다는 말이다.

복음을 듣는 것이 진리를 알고 하나님의 최고 안에서 걸어가기 위한 첫 단계인 것은 확실하다. 그러나 두 번째 단계도 역시 아주 중요한데, 다른 사람들의 삶을 통해 나타나는 복음의 능력을 보는 것이다.

사도 바울은 데살로니가 교회 성도들을 권고할 때 이 두 번째 단계를 다루었다.

이로 인하여 우리가 하나님께 쉬지 않고 감사함은 너희가 우리에게 들은 바 하나님의 말씀을 받을 때에 사람들의 말로 받아들이지 아니하고 사실 그대로 하나님의 말씀으로 받았음이니, 이 말씀이 믿는 너희 가운데서도 효과적으로 역사하느니라.   데살로니가전서 2:13

바울은 정확하게 받은 하나님의 말씀은 효과적으로 역사할 것이라고 말하였다. 헬라어 원어에서 이것은 '말씀은 능력을 나타낼 것이다' 라는 뜻이다.

믿는 자들로서 우리가 하나님의 선하심에 대한 놀라운 소식을 듣고 그 생명의 말씀에 따르는 결과를 본다면, 하나님의 말씀에 대한 우리의 개념은 건전할 것이다. 예수님이 하신 말씀을 기억하라. 하나님은 우리가 건강한 가지가 되어서 포도나무인 예수 그리스도에게 반드시 붙어있음으로 열매를 지속적으로 맺기를 원하신다고 말씀하셨다 (요 15:1-8).

예수님 자신도 사역의 열매나 일들에 주목하셨다. 예를 들어, 침례 요한의 제자들이 예수님께 "당신이 그리스도입니까?"라고 물었을 때, 예수님은 "가서 너희가 듣고 보는 그것들을 요한에게 다시 보이라." (마 11:4)고 대답하셨다.

예수님이 일상적으로 결과를 내지 못했었더라면 그분의 가르침

사역에 큰 관심이 있었을까? 예수님이 그저 능력 없는 또 다른 교리를 전파하셨다면, 많은 군중들이 바리새인들과 사두개인들과 그들의 교리가 엄청나게 반대하는 가운데서도 주님을 따랐겠는가? 그렇다고 생각지 않는다!

  오늘날에도 사람들은 그때와 마찬가지이다. 즉, 그들은 결과를 원한다. 그리고 예수님은 지속적으로 결과를 얻었던 메시지를 전파하셨다.

  누가복음 4:16-19은 예수님이 가시는 곳마다 전파하셨던 메시지에 대한 통찰력을 제공해 준다.

주께서 자라나신 나사렛에 오셔서 자신의 관례에 따라 안식일에 회당에 들어가서 성경을 읽으려고 서시더라. 선지자 이사야의 책을 드리니 그 책을 펴시고 이같이 기록된 부분을 찾으시더라. "주의 영이 내게 임하시니 이는 가난한 자들에게 복음을 전하게 하시려고 내게 기름을 부으심이라. 그가 나를 보내셨으니 이는 마음이 상한 자를 치유케 하시며, 포로들에게 구원을 선포하고, 눈먼 자를 보게 하고, 짓밟힌 자들을 해방시켜 주고 주의 기뻐 받으시는 해를 전파하게 하심이라."고 하시고.

보다시피 예수님은 자신이 선지자 이사야의 말씀의 성취라고 사람들에게 담대하게 선포하셨다. 예수님은 그저 백성들에게 알리려고 이렇게 하신 것이 아니었고, 주님이 전파하셨던 말씀 안에 거하는 능력으로 백성들의 삶에 결과를 내기 위해서 그렇게 하셨다.

예수님이 얼마나 자주 말씀으로만 결과를 낳으셨는지 주목하라. 예수님이 무화과 나무에게 말씀하시자 즉시 뿌리부터 말라 버렸다(마 21:18, 19). 예수님은 바람과 파도에게 말씀하셨고 폭풍은 즉시 잠잠해졌다(마 8:23-27). 예수님은 백부장의 하인(마 8:5-13)과 귀족의 아들(요 4:46-54)과 장님(요 9:1-7)과 한쪽 손 마른 사람(마 12:9-13)에게 말씀하셨고 그들 모두는 치유되었다. 그러나 가장 중요한 것은, 예수님이 죽음에 대한 승리를 말씀하셨고 그 말씀의 능력이 이후에 주님을 무덤에서 일으켰다(요 10:17, 18).

잠언 18:21에서 솔로몬은 죽는 것과 사는 것이 혀의 권세에 달렸다고 기록하였다. 그러므로 하나님이 우리 말을 통해 기적을 행하기를 기대하려면, 우리는 반드시 먼저 우리의 메시지가 능력으로 충만하다는 것을 믿어야 한다. 그런 다음 우리는 말씀을 선포하고 가르쳐야만 한다. 그러면 성령은 "따르는 표적으로" 우리의 메시지(*하나님의 메시지*)를 확증할 수 있다.

말씀에서 결과를 기대하라

예수님이 결과를 만들어 내셨다는 것이 놀라운 일인가? 예수님은 영생의 말씀에 순종하기만 한다면 결과는 따라올 것을 미리 아셨다. 이 지식이 예수님 안에 사람들이 알아볼 수 있을 정도의 강한 확신을 자아냈고, 우리는 마가복음 1:21, 22에서 그것을 본다.

그들이 가버나움에 들어가니라. 즉시 안식일에 그분께서 회당에 들어가 가르치시매 그들이 그분의 가르침에 깜짝 놀라니 이는 그분께서 권위를 가진 자로서 그들을 가르치시고 서기관들같이 하지 아니하셨기 때문이더라.

예수님은 확신을 지닌 태도로 말씀을 전파하셨다. 예수님은 성공을 *기대하셨다.* 예수님은 실패의 가능성을 이해하거나 고려하지조차 않으셨다.

예수님은 또한 두려움을 알지 못하셨다. 예수님은 누구에게도 주눅 들지 않으셨다. 예수님은 아버지 말씀의 능력을 아셨으므로 말씀하신 것이 이루어지지 않을 것이라 믿을 이유가 없으셨다. 예수님은 어떤 것이 존재하도록 예언하려 하지 않으셨다. 대신에, 예수님은 이미 하늘에서 실재인 것을 이 땅에 존재하라고 말씀하셨다. 예수님은 그분이 하시는 말씀을 수행하시는 성령을 그저 신뢰하고 의지했을 뿐이었다.

당신이 하는 말이 항상 말한 대로 이루어질 것을 알고, 예수님이 사셨던 방식대로 삶을 살아가는 것을 상상할 수 있는가? 하나님은 우리가 이러한 삶을 살도록 부르셨다. 그렇기에 예레미야 1:12에서 하나님은 우리에게 이 약속을 주신다. **내가 내 말을 서둘러 실행하려 함이라.**

그리고는 이사야 55:8-11에서 하나님은 이 진리를 더욱 분명하게 하신다.

주가 말하노라. 내 생각은 너희 생각과 다르며 내 길은 너희 길과 다르니 하늘들이 땅보다 높음같이, 내 길이 너희 길보다 높으며 내 생각이 너희 생각보다 높음이라. 비와 눈이 하늘에서 내려 그곳으로 다시 돌아가지 않고 땅을 적셔서 싹을 내어 뿌리는 자에게 씨를 주고 먹는 자에게 양식을 줌과 같이 내 입에서 나가는 내 말도 그러하나니 그것은 내게 헛되이 돌아오지 아니하고 내가 기뻐하는 것을 이루며, 내가 보낸 곳에서 번성할 것이니라.

예수님은 자신이 하시고 있는 일을 아주 잘 이해하셨다. 예수님은 그분의 말씀이 결과를 낳게 될 것을 아셨다. 그렇기 때문에 예수님은 그러한 권위를 지니고 말씀하실 수 있었던 것이다.

예를 들어, 예수님이 요한복음 10:30에서 나와 내 아버지는 하나라고 선포하셨을 때, 바리새인들이 주님을 죽이려고 돌을 들었다. 예수님은 그들에게 "어떤 선한 일로 너희가 나를 돌로 치려 하느냐?"(32절)고 물으셨다.

바리새인들은 대답하였다. "우리가 너를 돌로 치려 하는 것은 선한 일 때문이 아니요 신성모독 때문이니 곧 사람인 네가 네 자신을 하나님으로 만들기 때문이니라."(33절)

나중에 예수님이 37절과 38절에서 말씀하셨다.

만일 내가 내 아버지의 일들을 하지 아니한다면 나를 믿지 말라. 그러나 내가 행한다면 비록 너희가 나를 믿지 않는다 해도 그 일들은 믿으라. 그리하면 아버지께서 내 안에 계시며 또 내가 그분 안에 있는 것을 너희가 알게 되고 또 믿게 되리라.

예수님은 하나님의 아들이셨으나, 그분 역시도 하나님의 아들의 *결과*를 만들어 내야만 한다는 것을 이해하고 계셨다.

나가서 물 위를 걸어라

성령님이 이 점에 대해 나를 가르치시도록 내어드릴수록, 말씀만이 결과를 창출할 것이라는 진리를 점점 더 많이 경험한다. 그렇기 때문에 나는 하나님을 제한하지 않고 베드로와 같이 오로지 하나님의 말씀과 내 안에 있는 믿음만을 가지고 미지의 세계로 나가는 것을 좋아한다.

기적은 배 안에 있는 것이 아니다. 물 위를 걷기 위해서는 배에서 나와야만 한다.

어느 이른 봄날, 나의 안전지대에서 나오는 경험을 하였다. 나는 정기 집회 일정을 준비하고 있었고, 잠시 여름에 예정된 다가올 청소년 집회에 대해 생각하였다. 그 집회에는 몇몇 교회에서 온 몇백 명의 청소년들이 참석할 것이다.

솔직히 말해서 나는 청소년 집회를 인도하는 것이 익숙하지 않아 이 특별한 집회에 대해 긴장이 되었다. 그래서 나는 집회에 대해 주님께 말씀드리기 시작했다. 주님께 내가 젊은이들의 주의를 즉시 사로잡아서 말씀의 사역이 좀 더 쉽게 되기 원한다고 말씀드렸다.

갑자기 눈앞에 번쩍이는 섬광같이 내가 그 청소년 집회에서 무엇을 하는 것을 보았다. 너무 빨리 지나가서 내가 실제로 보았는지 그냥 내

영에서 알았는지 구분하기가 어려웠다. 그 갑작스러운 순간에, 방에서 가장 힘이 센 남자에게 팔씨름 시합을 하자고 도전하는 나를 보았다. 만일 내가 그를 쉽게 이기지 못하면, 남은 캠프 기간 동안 내가 하는 말을 하나도 믿을 필요가 없다고 청소년들에게 말하는 것이었다.

이후 몇 달에 걸쳐 실제로 이렇게 하는 것을 곰곰이 생각하면서 감정이 교차하는 것을 경험하였다. 때때로 나는 그 생각으로 영감을 받아 다소 흥분되기도 했고, 어떤 때는 그것에서 빠져나오려고 이성적으로 생각하기 시작하였다.

그러나 나는 우리가 기적을 보기 위해서는 안전지대에서 나오는 것에 전념해야만 한다는 것을 배웠다. 그래서 친구 몇 명이 우리집에 온 어느 날 저녁, 다가오는 청소년 예배에서 내가 계획하고 있는 것을 말했다. 한 사람이 예배 가운데 그렇게 말하고 행하였다가 기대한 대로 되지 않아 사역을 망쳤던 사람들을 알고 있다고 의견을 말했다.

하지만 나는 수년 동안 이렇게 하나님과 일해왔고 아직도 그렇게 사역을 하고 있다. 하나님이 모든 자녀들을 지지하기 원하시는 것처럼, 내가 믿음으로 발을 내밀 때 나를 지지해 주기 원하신다는 것을 안다. 그래서 나는 말했다. "내가 맞을 수도 있는 기회가 있다면 실수하는 위험을 기꺼이 감수하겠다."

하나님의 위대한 사람이 나에게 말했다. "하나님이 당신에게 하라고 말씀하신 것을 믿음으로 하려고 발을 내딛게 되면 어떻게 해서든 배우게 될 것이다. 당신이 맞다면, 주님의 인도를 따르는 것을 배우게 될 것이다. 당신이 틀리면, 적어도 어느 방식은 다시 하지 말아야 하는지 배우게 될 것이다. 절대 발을 내딛지 않는 사람들은 이것도 저것도 배우지 못할 것이다. 그들은 발을 내딛지 않았기 때문에 그것을 놓치게 될 것이고 자기들이 옳았는지 아닌지 결코 배울 수 없을 것이다." 이 사람의 말이 수년간 좋은 충고가 되었고 그의 조언은 이 경우에 큰 도움이 되었다.

그 청소년 집회에 갈 때가 되었을 때, 나는 여전히 내가 보았던 일을 해야 할지 말아야 할지 생각하고 있었다. 결정하기가 아주 어려웠다. 결국, 그의 조언이 내가 믿음으로 나아가 행하기로 결정한 이유가 되었다.

나는 그 청소년 집회에서 가장 힘센 남자를 찾았고 모든 사람 앞에서 무엇을 할지 말했다. 나는 그들에게 무언가를 *시도하려* 한다고 말하지 않고 내가 무엇을 *할 것인지*를 말했다.

실패의 가능성을 받아들이기 위해 여지를 남겨둔다면, 말씀은 결코 역사하지 않을 것이다. 반드시 우리는 예수님이 가르쳤던 바로 그 담대한 권세를 가지고 행해야만 한다. 먼저 내가 주님께 집회에 참석할 청소년들의 주의를 사로잡도록 도와달라고 요청했던 것을 기억하라. 그리고는 하나님의 영이 그림을 그 응답으로 주셨다. 기록된 하나님의 말씀을 당신이 행동하는 기초로 삼거나 하나님의 음성을 당신의 방향을 인도하는 근간으로 삼을 때에만, 하나님이 당신을 지지할 것이라고 기대할 수 있다는 점을 주목하는 것은 중요하다.

내가 그 소년을 앞으로 나오라고 부추겼을 때 젊은이들 사이에 동요가 일어났다는 것을 상상할 수 있을 것이다. 내가 하려는 일이 제대로 되지 않는다면 내가 떠나든지 그들이 내가 하는 다른 말을 믿을 필요가 없을 것이라고 재삼 단호하게 선포했을 때, 그들은 특별히 흥미를 느꼈다.

예수님의 일들

어쨌든, 나는 아직 가르치는 것을 시작하지 않았다!

그 소년이 자리에서 일어나 앞으로 나왔다. 나는 그가 성령님의 영향력 아래에 있다는 것을 알 수 있었다. 나는 그것을 믿고 있었다! 그 소년이 앞으로 와서 나와 마주하였다. 그가 내 손을 잡았을 때 내게서 흐르는 하나님의 생명을 의식하였고 그를 이길 것을 알았다.

우리가 시합을 시작하기 전에 잠깐 멈추고 그 소년에게 접촉과 전이의 법칙에 대해 말했다. 내 손을 접촉하면 나에게 손댄 사람에게 하나님의 능력이 전이된다고 설명하였다.

그런 다음 나는 협동 목사에게 시합의 심판을 봐 달라고 했다. 그러나 시합을 시작하기 위해 그가 우리 손을 만졌을 때 하나님의 능력이 그를 상대방 위로 넘어지게 했다! 나는 익살스럽게 협동 목사에게 도움이 필요 없다고 말하고는 소년과 팔씨름 시합을 시작하였다.

시합은 아주 빨리 끝났다. 내가 이기는 것은 어렵지 않았으나, 상황을 완전히 바꾸어 놓았던 것은 바로 성령의 일하심이었다.

믿음의 영으로 하는 말씀사역

말의 능력 때문에 그 청소년 집회에서 이 모든 일이 일어났다. 나는 연상suggestion의 힘을 말한 것이 아니었다. 그것은 말을 통해 풀어진 하나님의 능력이었다.

또 다른 실례를 제시할 것이다. 얼마 전에 목회자들의 집회에서 이 원리를 좀 더 실험해 볼 기회를 얻었다. 나의 전달 화법의 도움 없이 오로지 복음의 능력에만 의지하기를 원했으므로 나는 본문으로 로마서 6:1, 2을 택하였다.

> 그런즉 우리가 무슨 말을 하리요? 은혜가 넘치게 하려고 우리가 죄 가운데 거하겠느냐? 결코 그럴 수 없느니라. 죄에게 죽은 우리가 어떻게 더 이상 그 가운데 살겠느냐?

이 말씀에 "죄"라는 단어가 사용된 곳마다 나는 "질병"이라는 단어로 대체하였는데 이 두 단어는 같은 어원에서 나왔기 때문이다. 그리고는 질문을 하였다. "우리가 무슨 말을 하리요? 은혜가 넘치게 하려고 우리가 질병 가운데 거하겠느냐? 결코 그럴 수 없느니라!"

집회에 참석한 사람들은 대부분 목회자였다. 나는 로마서 6장을 설교했고 그들에게 계속해서 선포된 말씀은 결과를 가져온다는 것을 상기시켰다. 그리고 정확히 그 일이 일어났다. 우리는 그 집회에서 가장 놀라운 결과를 얻었고 대부분 안수를 하지 않고서 일어났다.

예를 들면, 가슴에 큰 종양이 있는 여인이 완전히 치유되었다. 손상된 무릎으로 40년 동안 고통을 겪었던 남자가 치유되었다. 하나님은 또한 고관절과 무릎에 관절염이 있는 여인을 치유하셨다.

시력이 좋지 않은 남자가 치유되어 안경 없이 완벽하게 읽을 수 있었다. 또 다른 사람은 고혈압에서 치유되었다. 하나님은 또한 고관절에 만성적인 문제가 있는 여인을 치유하셨다. 이 여인은 직업이 물리치료사였는데 통증 때문에 다리를 꼬지도 못했었다고 나중에 들려주었다. 그러나 예수님은 그녀를 치유하셨다. 이 모든 일은 예수님이 그랬던 것처럼, 말씀이 전파되었을 때 그 말씀은 결과를 낳는다고 내가 믿었기 때문에 일어났다.

오늘날 우리가 교회에서 아주 흔히 보는 것처럼 예수님의 사역은 가르침과 설교(복음전파)로만 이루어지지 않았다. 예수님은 항상 주제를 완전히 숙달해서 가르치셨다. 예수님의 말씀 안에 있는 다스림과 권세는 하나님의 진리의 절대성과 그 결과에 대한 예수님의 확신으로부터 나왔다. 예수님은 믿음의 영과 그분이 말하는 것이 이루어질 것을 아는 확신으로 가르치셨다.

나는 선지자들이 이 마지막 시대에 보고 아는 영이 증가하는 것을 볼 것이라고 말하는 것을 들었다. 아는 것의 증가는, 우리가 보기 전에 결과에 대한 확신을 지니고 사람들에게 믿음의 영, 즉 하나님과 같은 믿음을 전이하는 것을 가르치고 전파할 때 나타날 것이라고 믿는다.

우리는 하나님의 말씀이 바르게 여김을 받고 존중되며 믿음으로 가르쳐지도록 싸워야만 한다. 우리가 하나님의 말씀을 그분의 생명과 능력으로 인정하고 존중할 때 비로소 영적 생명의 실체가 물리적인 실재로 전이되는 것을 경험할 것이다.

그런 일이 예수님이 가르치시거나 복음을 전파하실 때마다 일어났다. 표적이 우리의 말씀사역에 따르게 하려면 *우리도* 역시 그러한 일이 일어나게 해야만 한다.

02
예수님의 치유사역

사복음서는 예수님의 사역을 통해 일어난 신유에 대한 이야기로 가득하다. 대부분의 치유는 군중들이 치유된 배경에서 일어났다.

성경은 예수님의 생애 가운데 나타난 19명의 개인 신유 사례를 언급하는데, 모두 예수님이 사역하셨던 방식을 이해하는데 중요하다.

'인간 편'에서의 축복 vs. '하나님 편'에서의 축복

다른 무엇보다도 예수님은 제자들과 군중들에게 말씀사역을 하시느라 많은 시간을 보냈다는 것을 깨닫는 것이 중요하다. 우리가 알다시피, 예수님은 성육신한 말씀 그 자체이시다. 그러므로 예수님이 이 땅에서 행하셨을 때나 지금 우리를 통해 행하시는 사역의 기준은 하나님의 말씀이다.

예수님이 말씀을 사역하셨던 주된 이유 중 하나는 듣는 이들의 마음에 믿음을 세우기 위한 것이었다. 예수님은 신유를 받는 한 가지 효과적인 방법이, 말씀을 배우고 있는 개인의 믿음을 통해서라는 것을 아셨다. 우리는 이것을 "인간 편"의 치유라고 부를 수 있다.

이 방법은 가장 오래 지속되는 결과를 내기 때문에 실제로 가장 선호된다. 이 치유 방법은 다른 사람에게서든 개인적인 공부를 통해서든 하나님의 말씀을 듣고 치유를 받기 위해 말씀에 따라 행하는 개인의 책임을 강조한다. 따라서, "인간 편"의 치유법에 있어서 책임은 듣고 행하고 바라는 결과를 받는 개인에게 있다.

반대로, "하나님 편"의 치유는 하나님이 모두의 유익을 위해서 다른 사람을 대신하는 누군가를 통해 하나님의 뜻을 시행하는 때를 가리킨다. 하나님은 보통 하나님께 민감하고 즉각 반응하는 사람을 통해 역사하셔서 받는 사람이 축복을 받게 하신다. 이 경우에, 성령의 은사가 사용되는 예가 있다. 고린도전서 12장에 언급된 대로 성령의 은사는 결과를 만들어 내는 능력부여이다.

마가복음 4:1-20에서 예수님은 듣는 자들이 진정으로 받아들이고 행할 때 결과를 낳는 말씀의 능력을 언급하셨다.

> 주께서 다시 바닷가에서 가르치기 시작하시더라. 큰 무리가 그에게 모여들므로 주께서는 바다에 떠 있는 배에 올라 앉으시고, 온 무리는 바다에 접한 육지에 있더라. 주께서 그들에게 많은 것을 비유로 가르치시고, 그의 교리로 말씀하시더라. "경청하라, 보라, 씨 뿌리는 자가 뿌리러 나가서, 씨를 뿌렸는데 어떤 씨는 길가에 떨어지니, 공중의 새들이 와서 먹어 버렸고 또 어떤 씨는 흙이 많지 않은 돌밭에 떨어지니, 흙이 깊지 아니하므로

즉시 싹이 나오나 해가 솟아오르자 시들었으며, 뿌리가 없으므로 말라 버렸고 또 어떤 씨는 가시떨기 사이에 떨어지니, 그 가시떨기가 자라서 기운을 막으므로 열매를 맺지 못하였느니라. 또 어떤 씨는 좋은 땅에 떨어지니 자라고 번성하여 열매를 맺되 어떤 것은 삼십 배로, 어떤 것은 육십 배로, 또 어떤 것은 일백 배로 맺었느니라."고 하시더라. 또 그들에게 말씀하시기를 "들을 귀 있는 자는 들을지어다."라고 하시더라. 주께서 혼자 계실 때, 열둘과 더불어 주를 에워싼 사람들이 그 비유에 관하여 주께 묻더라. 주께서 그들에게 말씀하시기를 "너희에게는 하나님의 나라의 신비를 알도록 허락되었으나 밖에 있는 사람들에게는 모든 것이 비유로 되었느니라. 이는 그들이 보기는 보아도 알지 못하며, 듣기는 들어도 깨닫지 못하게 하여 어느 때라도 회심하지도 못하고, 그들의 죄들이 용서받지도 못하게 하려 함이라."고 하시고 또 주께서 그들에게 말씀하시기를 "너희는 이 비유를 알지 못하느냐? 그렇다면 어떻게 모든 비유를 알겠느냐? 씨 뿌리는 자는 말씀을 뿌리느니라. 말씀이 길가에 뿌려졌다는 것은 이들을 두고 하는 말이니, 즉 말씀을 듣자, 곧 사탄이 와서 그들의 마음속에 뿌려진 말씀을 빼앗아 가는 자들이요, 또 이와 같이 말씀이 돌밭에 뿌려졌다는 것은 이들을 두고 하는 말이니, 그 말씀을 듣고 즉시 기쁨으로 받으나 그들 안에 뿌리가 없으므로 잠시 동안만 견디다가, 후에 그 말씀으로 인하여 고난이나 박해가 오면 곧 실족하는 자들이요, 또 가시떨기 사이에 뿌려졌다는 것은 이들을 두고 하는 말이니, 말씀을 듣기는 하나, 이 세상 염려들과 재물의 속임수와 다른 일들에 대한 욕심이 들어와, 말씀을 억눌러 열매를 맺지 못하는 자들이요, 또 좋은 땅에 뿌려졌다는 것은 이들을 두고 하는 말이니, 즉 말씀을 듣고 받아서 어떤 사람은 삼십 배로, 어떤 사람은 육십 배로, 어떤 사람은 일백 배로 열매를 맺는 자들이니라."고 하시니라.

예수님이 이 성경구절을 설명하셨을 때, 뿌려진 씨는 선포되는 말씀이다. 그래서 이 비유는 하나님의 말씀사역에 강조를 두고 있다.

이 비유에서 우리는 네 가지 종류의 땅을 본다. 바라는 결과를 만들어 내고 유지했던 유일한 땅은 좋은 땅인데, 그 좋은 땅은 말씀을 받고 행하는 사람을 나타낸다.

예수님은 집 짓는 두 사람에 대한 비유를 언급하셨을 때에도 마태복음 7:24-27에서 같은 원리를 말씀하셨다. 첫 번째 사람이 지혜로운 자였는데, 바위 위에 집을 지었기 때문이었다. 바람과 태풍이 왔을 때 그 집은 견고한 기초로 말미암아 그대로 서 있었다. 지혜로운 자는 말씀을 듣고 그 들은 말씀을 행하는 사람을 나타낸다.

반대로, 어리석은 자는 자기 집을 모래 위에 세웠다. 태풍이 왔을 때 그 집은 기초가 없었기 때문에 무너졌다. 두 번째 사람은 말씀을 듣지만 말씀대로 행하지 않는 사람을 나타낸다.

현대의 믿는 자들로서 우리는 감사할 것이 많다. 우리는 엄청난 시대에 살고 있고 이 시대 동안에 하나님의 말씀이 지역교회에 널리 알려졌다.

마틴 루터 시절에 하나님의 말씀은 성직자들만 볼 수 있었고 평민들은 진리에 대해 무지한 상태로 있었다. 영적으로 지적으로 어둠이 그 시대에 너무 만연하여서 아직도 그 시대를 암흑기라 부른다.

정말 감사하게도, 오늘날 우리는 말씀을 연구하고 받아들이도록 권고

받는다. 그러나 우리가 말씀을 들을 뿐 아니라 행하기로 결정할 때만 그 혜택을 받는다는 것을 또한 반드시 인지해야 한다.

예수님의 씨 뿌리는 자의 비유에서 좋은 땅의 결과를 고려하기 위해 우리는 반드시 먼저 추수의 총계를 내야만 한다. 네 가지 유형의 땅이 모두 합하여 백 명의 사람들을 나타낸다고 가정해 보라. 그 경우에 좋은 땅은 100명 중 25명에 해당될 것이다. 말씀이 선포되었을 때 그 25명 중 3분의 1이 30%의 결과를, 3분의 1이 60%의 결과를, 3분의 1이 100%의 결과를 받았다. 따라서 계산해보면, 약 8명만이 전파된 말씀에서 100% 완전한 결과를 받았다는 것을 발견한다.

이런 식으로 말하면 이 결과는 그리 좋은 편이 아니다. 왜 예수님의 사역이 더 나은 결과를 얻었을까? 우리는 어떻게 결과를 얻지 못하는 75명에게 다가갈 수 있을까? 나는 나중에 탐구할 성경이 이 질문에 대한 해답을 준다고 믿는다.

인간 편의 치유의 예

이제 "인간 편"의 치유법을 보여주는 두 개인의 치유 사례를 생각해 보자. 가장 좋은 사례연구는 마가복음 5:25-34(흠정역)에서 볼 수 있다.

열두 해 동안 혈루증을 앓던 어떤 여자가 있었는데 그녀가 많은 의사에게 많은 일들로 고통을 받고 가진 것도 다 허비하였으나 조금도 좋아지지 않고 도리어 더 심해지던 차에 예수님에 관한 소문을 듣고 밀려드는 무리 가운데서 뒤로 들어와 그분의 옷에 손을 대니 이는 그녀가 이르기를, 내가 그분의 옷에만 손을 대도 온전하게 되리라 하였기 때문이더라. 즉시 그녀의 피 나오는 근원이 마르매 그녀가 자기가 그 역병에서 나은 줄을 몸으로 느끼니라. 예수님께서 즉시 효능이 자기에게서 나간 줄을 스스로 아시고 밀려드는 무리 가운데서 돌이키며 이르시되 누가 내 옷에 손을 대었느냐 하시니 그분의 제자들이 그분께 이르되 무리가 주께 몰려드는 것을 보시면서, 누가 내게 손을 대었느냐 하고 말씀하시나이까 하되 그분께서는 이 일 행한 여자를 보려고 둘러 보시거늘 그 여자가 자기에게 일어난 일을 알고 두려워서 떨며 나아와 그분 앞에 엎드려 모든 사실을 그분께 아뢰니라. 그분께서 그녀에게 이르시되 딸아 네 믿음이 너를 온전 하게 하였으니 평안히 가라. 네 역병에서 놓여 온전할지어다 하시니라.

어떻게 이 치유가 "인간 편"의 범주에 들어가는지 알기는 쉽다. 이 여인은 도움이 절실하였다. 그녀가 예수님에 대한 소식을 들었을 때 새로운 믿음에 따라 행동하기로 결단하였다. 그녀에게 소식을 전했던 사람들을 제외하고는 그녀의 결심에 누가 개입했다는 기록이 없다.

그 여인은 '내가 그분의 옷자락을 만질 수 있다면 나을 것이다.'라고 혼잣말을 했다. 그런 다음 그녀는 예수님이 군중들을 지나가고 있을 때 예수님께로 나아갔다. 마침내 주님께 가까이 갔을 때 결단한 대로 손을 내밀어 주님을 만졌다. 바로 그 순간에 질병이 그녀를 떠났다. 우리는 이때에야 예수님이 치유에 개입하시는 것을 본다.

물론 예수님은 모든 치유의 중심이고 항상 중심이 될 것이다. 그러나 우리가 이 경우를 멀리서 볼 때, 예수님이 이 상황에 들어오시기 전에 이미 여인이 치유되었던 이유를 볼 수 있다. 여인은 믿음의 행동으로 말미암아 치유되었다. 그녀는 들었고 믿었고 행동했고 받았다. 이것이 바로 "인간 편"의 치유의 완벽한 예이다.

이 주제를 전파하는 대부분의 설교는 이런 유형의 치유에 초점을 둔다. 설교자는 사람들이 듣고 받아들이기를 기대하면서 메시지를 제시한다.

그러나 우리가 보았듯이, 100명 중 8명만이 이런 식의 가르침으로 바라는 결과를 실제로 받을 수 있다면, 말씀이 사람들의 마음에 심어질 때 더 많은 수의 필요를 충족시키는 방법이 반드시 있어야 한다. 예수님은 모든 사람의 문제에 대한 해답이셨고 지금도 그러하다.

이 "인간 편"의 범주에 포함될 수 있는 두 번째 예는 마태복음 8:5-10에서 볼 수 있다.

예수께서 카퍼나움으로 들어가시니 한 백부장이 그에게 나아와 간구하여 말씀드리기를 "주여, 내 종이 중풍으로 집에 누워 몹시 고통 중에 있나이다."라고 하자 예수께서 그에게 말씀하시기를 "내가 가서 그를 고쳐주리라."고 하시니 그 백부장이 대답하여 말씀드리기를 "주여, 주께서 내 지붕 아래로 오시는 것을 내가 감당할 수 없사오니 오직 말씀만 하옵소서. 그러면 내 종이 나을 것이옵니다. 나도 권위 아래 있는 사람이요 내 수하에도 병사들이 있어서 내가 이 사람더러 '가라.' 하면 가고, 또 저 사람더러 '오라.' 하면 오나이다. 또 내 종더러 '이것을 하라.' 하면 그렇게 하나이다."라고 하니 예수께서 이 말을 들으시고 놀라워하시며 따르는 자들에게 말씀하시기를 "진실로 내가 너희에게 말하노니, 이스라엘에서는 이처럼 큰 믿음을 본 적이 없나니, 결코 없도다.

이 상황에서 백부장은 이미 그가 믿는 것과 바라는 치유가 일어나기 위해 필요한 것을 알았다. 그는 어떤 도움도 필요치 않았고 예수님이 하시는 한마디가 자기의 종을 치유할 것이라고 믿었다. 그러므로 백부장은 자기의 확신과 기대하는 결과를 적절한 권위와 연결시켰는데, 이 경우에는 예수님이셨다. 이 이방인은 자기가 위임된 권위로 명령을 내릴 때 하인들이 순종하는 것처럼, 예수님이 하인의 치유에 관해서 말씀하신다면 같은 원리가 작용할 것이라고 이해하였다.

백부장이 보여준 믿음에 예수님이 반응하신 것을 보라.

또 내가 너희에게 말하노니, 많은 사람들이 동과 서에서 와서 아브라함과 이삭과 야곱과 더불어 천국에 앉으려니와 그 왕국의 자녀들은 바깥 흑암에 던져져서 거기에서 울며 이를 갈고 있을 것이라." 하시고 예수께서 그 백부장에게 말씀하시기를 "가라, 네가 믿은 대로 네게 이루어지리라."고 하시니, 그의 종이 바로 그 시각에 나으니라. 　　　마태복음 8:11-13

다시 돌아와서, 우리는 진리를 듣고 들은 것을 믿으며 확신을 지니고 그에 따라 행하는 사람을 본다. 예수님이 필요하다면 하인을 고치기 위해 백부장의 집에 가시겠다고 말씀하신 것은 흥미롭다. 그러나 이 사람의 믿음으로 인해, 주님이 하시는 한마디 말씀이 종을 치유하기에 충분했다.

왜 인간 편, 즉 믿음 편이 치유를 받는데 가장 바람직한 방법인지 볼 수 있다. 이 방법이 작동하면, 치유가 필요한 사람들의 강한 확신이 결과를 만들어 내고, 일단 치유를 받게 되면 자신의 치유를 붙잡으려는 동일한 강한 결단이 결과를 만들어 낸다.

이 예에서 두 사람의 지식과 믿음은 칭송을 받아야 한다. 설교만으로 매번 이런 결과를 만들어 낸다면 놀라울 것이다.

불행히도, 현대 교회에서는 이런 일이 일어나지 않는다. 말씀을 전파하고 가르치는 것이 하나님이 의도하신 대로 사람들의 필요를 충족시키지 못하고 있다.

이것에 대한 한 가지 이유는, 예수님은 오늘날 우리가 하는 방식으로 말씀을 가르치지 않으셨다는 것이다. 예수님은 현대식 가르침에서 빠져 있는 요소를 가지고 계셨다. 그 빠져 있는 요소가 이 책의 초점이고 이 책을 쓰고 있는 주된 이유이다. 우리가 말씀을 가르치고 전파하는데 이 요소를 추가할 때만이, 혈루증을 앓던 여인이 그랬던 것처럼 예수님의 옷 가를 만지고자 하는 수많은 군중들을 보게 될 것이다.

하나님 편의 치유 : 성령의 뜻대로 주어진다

예수님의 사역을 계속 연구해 보면 사람들에게 치유사역을 하는 여러 가지 방식이 있다는 것을 또한 알게 될 것이다. 앞에서 언급한 대로

"하나님 편"의 치유법이 있다.

하나님은 성령의 사역을 통해서 자신을 나타낼 권리를 남겨두셨다. 바울은 고린도전서 12:7-11에서 이러한 나타남에 대해 기록하였다.

그러나 각 사람에게 성령의 나타나심을 주신 것은 함께 유익을 얻게 하려 하심이라. 어떤 사람에게는 성령을 통하여 지혜의 말씀을 주시고 또 어떤 사람에게는 같은 성령을 따라 지식의 말씀을 또 어떤 사람에게는 같은 성령으로 믿음을 어떤 사람에게는 같은 성령으로 병 고치는 은사들을 또 어떤 사람에게는 기적들을 행함을 어떤 사람에게는 예언함을 어떤 사람에게는 영들을 분별함을 또 어떤 사람에게는 여러 가지 방언들을 말함을 어떤 사람에게는 방언들을 통역함을 주시느니라. 그러나 이 모든 일은 한 분이신 같은 성령께서 역사하시어 그분께서 원하시는 대로 각 사람에게 나누어 주시느니라.

11절 마지막 구절에서 이 나타남은 *하나님의 영이 원하시는 대로 주어*진다고 말하고 있다. 다시 말하면, 하나님은 그분의 계획의 효율성을 높이기 위해 여러 경우에 움직이실 것이다. 위의 구절에 언급된 아홉 가지 방식은 하나님이 하나님 편에서 인간에게로 움직이시는 보편적인 방식이다.

한 가지 관점에서 보면, 하나님은 그리스도의 완성된 사역을 통해 우리를 향하여 이미 움직이셨다. 우리는 구원과 구원에 포함된 모든 것에 대해 기다릴 필요가 전혀 없다. 오히려 우리의 속량은 하나님을 향한 우리의 믿음의 행동으로 얻을 수 있다.

그러나 하나님은 선하심 가운데 성령의 역사를 통해 인간을 향하여 여전히 계속 축복을 주고자 하신다. 이 전제를 염두에 두고, 예수님의 사역에서 볼 수 있는 다음의 예를 고려해 보라.

특별히 한 사례는 분명히 "하나님 편"의 치유 사례로 부각된다. 이것은 요한복음 5:1-9에서 볼 수 있다.

이 일 후에 유대인의 명절이 있어 예수께서 예루살렘으로 올라가시니라. 예루살렘에 있는 양시장 곁에 히브리어로 '베데스다'라고 하는 못이 있고 행각 다섯이 있더라. 그 안에는 수많은 병든 사람이 누워 있는데, 소경과 절름발이와 혈기 마른 자들이 물이 움직이기를 기다리고 있더라. 이는 천사가 어떤 때 그 못에 내려와 물을 움직이게 하는데, 물이 움직일 때 먼저 들어간 사람은 어떤 병이 있든지 낫게 됨이라. 그런데 삼십팔 년 동안 병을 앓던 한 사람이 거기 있더라. 예수께서 이 사람이 누워 있는 것을 보시니 그가 오랫동안 병든 줄 아신지라. 그에게 말씀하시기를 "네가 낫기를 원하느냐?"고 하시니 그 병든 사람이 대답하기를 "주여, 물이 움직일 때 나를 못에다 밀어 넣어 줄 사람이 없나이다. 그래서 내가 가는 도중에 다른 사람이 내 앞에 내려가나이다."라고 하니라. 예수께서 그에게 말씀하시기를 "일어나서 네 침상을 들고 걸어가라." 하시니 그 사람이 즉시 나은지라. 자기 침상을 들고 걸어가니 그 날은 안식일이더라.

이 사람은 예수님이 누구신지 몰랐기 때문에 예수님을 향하여 역사하는 믿음이 없었다는 것을 우리는 안다. 나중에 누가 그를 낫게 했는지 질문을 받았을 때, 그는 대답하지 못했다(요 5:10-13). 이미 우리는 이것이 "인간 편"의 치유법과는 아주 다르다는 것을 알 수 있다.

예수님이 이 사람에게 다가가서 낫기를 원하느냐고 물었을 때, 이 사람은 물이 동하였을 때 자기를 물에 밀어 넣어줄 사람이 없다고 대답하였다. 이 움직이지 못하던 사람은 예수님이 누구신지 전혀 모르고 있었다. 그는 예수님이 왜 자기 상태를 묻는지 물어보지도 않았고 관심도 없었던 것 같다.

그러나 예수님이 그 사람에게 일어나서 걸어가라고 했을 때 그는 다리가 온전해진 것을 확실히 깨달았다. 자기가 치유되었다는 것을 알자 즉시 예수님의 명령에 반응하였다.

이 사례에서 그 사람은 치유를 시작하기 위해 예수님에 대한 믿음을 사용하지 않았다는 것을 볼 수 있다. 누구든지 다리에 힘이 있고 건강하면 걸을 수 있다.

예수님은 의심하는 도마에게 말씀하셨다. "도마야, 너는 나를 보았으므로 믿었으나 보지 않고도 믿은 자들은 복이 있도다."(요 20:29)

이 두 가지 사역 방법이 결과는 같지만, 작동되는 접근 방식은 아주 다르다.

사람들이 대부분 신유에 대해 두 번째 접근을 더욱 신뢰한다는 것을 알게 될 것이다. 베데스다 연못에 있었던 사람처럼, 어떤 것을 믿기 전에 신성한 사람이 나타나든지 아니면 신성한 일이 일어나기를 기다리고 있다.

이 사람이 예수님을 통한 하나님의 주도하심으로 특별한 믿음의 선물을 받았든지 아니면 치유의 선물을 받았든지, 한 가지는 분명하다.

하나님이 이 사람을 위해 초자연적으로 움직이지 않으셨다면 그는 여전히 그곳에 누워있었을 것이다. 보다시피, 이 경우는 하나님 편의 치유를 아주 잘 나타내 주고 있다.

　다음 장에서, 우리는 세 번째 편a third side이 있다는 가능성을 토론한 후에야 각 사례가 어디에 해당되는지 결정할 것이다. 단지 두 편만 존재한다면, 표준이 되는 접근은 인간 편이나 믿음 편에는 12개의 사례가, 하나님 편이나 은사 편에는 7개의 사례가 있다고 열거해야 할 것이다.

　이 목록을 받아들일 수 있는 것은 12개의 치유 이야기가 믿음을 언급하거나 믿음이 사용되었다는 것을 암시하고 있기 때문이다. 따라서 다른 이야기는 자동적으로 은사 편에 해당된다. 하나님 편과 인간 편이라는 두 편만 있다면 이 방정식은 논리적일 것이다. 그러나 세 번째 편이 존재한다면 이 방정식은 수정되어야 한다.

결과가 부족한 것은 하나님 잘못이 아니다

　우리가 예수님의 사역을 논의하고 있다는 것을 다시 상기시키고자 한다. 신유에 대한 우리의 가정이 정확하다면, 예수님이 이 땅에 계실 때 그랬던 것처럼 우리 삶과 사역에서 그 가정을 증명할 수 있는 결과가 있어야 한다. 예수님은 요한복음 10:37에서 언급하셨듯이 그분이 하시는 사역의 정당성을 행하시는 일에 두셨다. **만일 내가 내 아버지의 일들을 하지 아니한다면 나를 믿지 말라.**

대체로 교회는 이와 반대로 해왔다. 많은 그리스도인들이 자기들의 무능함에 대한 책임을 지기 싫어해서 결과가 부족한 것을 하나님 탓으로 돌리고 가능한 한 영적인 것처럼 행동하려고 한다. 이것이 신유의 교리가 현재의 모습으로 나아온 이유이다. 그러나 그리스도인들이 결과의 부족에 대한 책임을 받아들이기 시작한다면, 하나님의 왕국이 얼마나 더 많이 전진할 수 있겠는가?

내가 성장했던 교단에서는 모든 문제를 항상 하나님의 주권으로 돌렸던 것을 기억한다. 간단히 말하자면, 우리가 생각하는 방식은 이랬다. "하나님이 이 문제를 허락하신 것이라면 그 문제를 통과할 힘을 주시는 하나님을 찬양할 것이다."

그것은 현대의 많은 은사주의자들이나 오순절파의 방언을 말하는 자들이 생각하는 방식과 다를 바가 없다. 그들은 교회가 일어나서 하나님이 부르신 모습의 교회가 되도록 "마지막 날의 움직임"을 기다리고 있다. 본질적으로, 이러한 사고방식은 그리스도인들이 너무나 구비되지 못하고 특권을 누리지 못하는 것이 하나님의 잘못이라는 그릇된 결론을 내리게 된다.

그러나 이 논의는 끝날 기미가 보이지 않는다. 우리가 예수님이 오실 때까지 예수님이 하셨던 일을 하고 그보다 더 큰 일을 하라는 예수님의 명령을 성취하는 법을 이해하고자 할 때, 우리에게는 탐구할 더 많은 말씀이 있다.

03
하나님은 항상 중재자가 필요하셨다

　예수님의 사역에 대한 인간 편과 하나님 편의 접근은 다른 사람들에게 사역하는 우리 자신의 경험에 맞는 것 같지만, *예수님의* 사역에 맞는 유일한 접근은 아니다. "왜 예수님은 우리보다 더 나은 결과를 얻으셨을까?"라는 질문에 아직 답하지 않았다는 것을 기억하라.

　전통적으로 우리는 "예수님은 예수님이셨으니까 더 나은 결과를 얻었다!"고 말할 것이다. 그러나 제자들도 예수님처럼 위대한 결과를 내었다. 사실, 수 세기에 걸쳐 표준에서 벗어나 하나님 안에서 발을 내딛었던 사람들이 있었다.

　이러한 일들이 하나님의 주권적인 움직임에 반응해서 일어났을까? 마치 하나님이 오직 소수를 위해 정해진 결과를 통제하는 것처럼 모든 것이 하나님의 시간표를 따라 움직이는 것일까? 그것이 사실이라면, 우리는 베시 아주머니Aunt Bessie에게 이렇게 말해야 한다. "하나님의 움직임이 이곳에 임하면 우리가 아주머니를 도와드릴 수 있지만 지금 당장은 아주머니가 견뎌야만 해요."

왜 그리스도인들은 예수님만큼 사역하지 못하는가?

에베소서 4:18은 이 시점에서 우리를 도와줄 성경 말씀이다.

그들의 마음의 완고함 때문에 그들 안에 있는 무지를 통하여 하나님의 생명에서 멀리 떨어졌고 그들의 명철은 어두워졌으며.

이 말씀이 말하듯이, 마음의 무지와 완고함은 하나님의 생명에서 멀어지게 하고 그 생명에 참여하지 못하게 한다. 이것은 비극이다. 우리가 가장 우리 안에서 역사하기 원하는 것은 바로 하나님의 생명이다. 이 생명이 예수님의 삶과 사역에서 차이를 만들어 내었다. 하나님의 생명은 또한 당신과 내가 거듭났을 때 받은 것이다.

마음의 무지와 완고함의 심각성을 주목하라. 사람들이 하나님의 진리를 모르거나, 알지만 그 진리에 부합하려 하지 않을 때, 그들은 하나님의 생명의 능력에 접근하거나 그것을 자기 것으로 만들 수 있는 권리와 특권을 박탈당하게 된다.

그렇다. 늦은 비에 풍부한 축복이 있다. 하나님의 영의 엄청난 움직임이 이 시기에 그리스도의 몸에 일어나고 있다. 그러나 그리스도인들이 예수님과 같이 사역하지 못하는 두 가지 주요한 이유가 있다. 1) 그들은 신학적 틀에 박혀 있고, 안일함과 자기만족을 희생하면서까지 하나님에 대해 더 많은 것을 경험하기 원치 않는다. 2) 그들은 지식이 부족하여 이생에서 하나님의 최고를 누리도록 이용할 수 있는 영적인 도구를 활용하는 것을 이해하지 못한다.

당신은 어떤지 모르겠지만, 나는 내가 안다고 생각하는 것이나 배웠던 것을 도전하지 않으므로 바로 내 앞에 있는 하나님의 축복을 놓치고 싶지 않다. 내 삶과 사역의 결과가 예수님의 삶과 사역에 미치지 못한다면, 나는 내가 놓치고 있는 것을 얻기 위해 취해야 할 조치를 하나님께서 내게 보여주시기 원한다.

'갈라진 틈에 서 있는' 사람들의 역할

앞에서 말한 대로, 성경은 예수님의 사역에서 신유를 경험한 19명의 사례를 보여주고 있다. 세 개의 사례를 논의했지만 사복음서에 나오는 나머지 16명의 치유 사례는 어떨까?

예수님의 사역에서 나타난 16명의 치유 사례가 왜 우리가 지금까지 논의했던 두 개의 범주에 쉽게 들어가지 않는지 그 이유를 탐구해 보자.

디모데전서 2:5은 말한다. **하나님은 한 분이시요, 하나님과 사람 사이에 중재자도 한 분이시니, 곧 사람이신 그리스도 예수시라.** 여기서 우리는 인간 편과 하나님 편 둘 다 축복을 받는 타당한 방법이라는 것을 볼 수 있다. 그러나 두 편 사이에 끼어있는 중재자가 필요하다. 구약에서도 백성들을 위해 "갈라진 틈에 서 있는" 누군가가 항상 필요했다.

예를 들어, 시편 106:23은 모세가 하나님 앞에 이스라엘의 중재자로 서 있었던 때를 언급한다.

그러므로 주께서 그들을 멸망시키리라 말씀하셨으나 그의 택하신 모세가 갈라진 틈에서, 그의 앞에 서서 그의 진노를 돌이켜 그들을 멸하지 않게 하였도다.

이 시나리오는 민수기 14:11-20과 연관되어 있다.

주께서 모세에게 말씀하시기를 "이 백성이 언제까지 나를 진노케 하겠느냐? 내가 그들 가운데서 보여 준 모든 표적들에도 불구하고 언제까지 그들이 나를 믿지 않겠느냐? 내가 전염병으로 그들을 쳐서 상속받지 못하게 하고 너로 그들보다 더 크고 더 막강한 민족이 되게 하리라." 하시니라. 모세가 주께 말씀드리기를 "그리하시면 이집트인들이 그 말을 듣고 (이는 주께서 이 백성을 주의 능력으로 그들 가운데서 데리고 나오셨음이니이다.) 그들이 이 사실을 이 땅의 거민들에게 말하리니, 이는 그들이 주께서 이 백성 가운데 계시며 주께서 대면하여 보이시며 주의 구름이 그들 위에 서 있으며 또 주께서 낮에는 구름 기둥으로 밤에는 불 기둥으로 그들 앞에 가시는 것을 들었음이니이다. 그런데 만일 주께서 이 모든 백성을 한 사람같이 죽이신다면, 주의 명성을 들었던 민족들이 일러 말하기를 '주가 그들에게 맹세했던 땅으로 이 백성을 데려올 수 없었기 때문에 그가 광야에서 그들을 죽였다.' 하리이다. 이제 내가 주께 간구하오니, 주께서 말씀하신 대로 내 주의 권능이 위대하게 되소서. 말씀하시기를 '주는 오래 참고 자비가 크며, 죄악과 허물을 용서하나, 범법자를 결코 깨끗하게 하지 않으며 그 조상들의 죄악을 그 자손들 삼사 대까지 미치게 하느니라.' 하셨나이다.

내가 주께 간구하오니, 주의 자비의 크심에 따라 이 백성의 죄악을 용서하시되, 주께서 이 백성을 이집트에서 지금까지 용서하셨던 것같이 하소서." 하였더라. 주께서 말씀하시기를 "내가 네 말대로 용서하였노라."

에스겔도 자기 백성들을 위해 움직일 수 있도록 중재자를 찾으시는 여호와의 갈망에 대해 말한다.

내가 그들 가운데서 한 사람을 찾으라 했으니 그 사람은 장벽을 쌓아 그 땅을 위하여 내 앞에 갈라진 틈에 서서 나로 그 성읍을 멸하지 못하게 할 사람이라. 그러나 나는 아무도 찾지 못하였노라. 그러므로 내가 내 분노를 그들 위에 부어서 내 분노의 불로 그들을 소멸하여 그 행위대로 그들의 머리 위에 보응하였도다. 주 하나님이 말하노라.　　에스겔 22:30, 31

다른 사람들을 위해 갈라진 틈에 서고자 하는 중재자가 없는 것은 아주 많은 사람의 삶에 역효과를 가져올 수 있기 때문에 심각한 문제이다.

사사기에서 우리는 이스라엘 자손들을 적으로부터 구해야 할 때마다 여호와는 구출자를 일으키셨다는 것을 본다. 같은 형태가 계속해서 되풀이되었다. 백성들이 여호와를 섬기고 있는 한 나라는 모든 것이 잘 돌아갔다. 그러나 시간이 흐르면서 백성들은 반항적이고 오만하게 되어 죄의 삶의 방식을 따라 살기 시작하였다. 이것은 결국 질병이나 다른 나라와의 분쟁과 같은 부정적인 상황으로 그들을 밀어 넣었다.

고통 중에 백성들은 여호와께 도움을 구하며 부르짖었다. 하나님은 그들의 부르짖음을 들었고 그들을 구출하여 여호와께 돌아오게 하려고 하나님의 대리인인 누군가를 보내셨다.

이 형태가 너무 익숙하게 들리지 않는가?

예수님, 마스터 중재자

구약에 나오는 모든 구출자와 중재자는 주 예수 그리스도의 모형과 그림자 역할을 하였다. 그리고 예수님이 구출하거나 다른 사람들을 위해 갈라진 틈에 섰던 모든 사람에 대한 기준이라면, 그리스도의 몸으로서 우리는 예수님의 사역과 목적을 반드시 이해해야만 한다.

예수님이 아기로 이 땅에 오셨을 때 그분의 이름인 임마누엘은 하나님이 우리와 함께 하셨다는 사실을 나타내었다(마 1:23). 예수님의 생애를 볼 때, 이것은 모든 일이 일어나게 하는 그분의 임재 이상을 의미한다는 것을 알 수 있다. 예수님은 마귀의 일을 멸하시려는(요일 3:8) 구체적인 목적을 가지고 오셨다. 예수님은 구체적인 임무를 수행하기 위해 기름부음 받았다. 이 임무는 사도행전 10:38에 묘사되어 있는데, 이 땅에서의 예수님의 사역을 요약하고 있다.

하나님께서 나사렛 예수께 성령과 권능으로 기름부어 주셔서 그분이 두루 다니시면서 선한 일을 행하시며 마귀에게 억압받는 모든 자를 치유하셨으니 이는 하나님께서 그분과 함께 계심이라.

예수님의 본보기를 따르기 위해 우리는 우리 삶과 사역에서 무엇을 하고 있을까? 잘해야 우리 대부분은 사람들이 말씀에 반응하고 받기를 기다리고 있든가 아니면 기적을 일으키시는 성령의 움직임을 기다리고 있다. 두 가지 위치 모두 기다림을 포함하고 있는데 예수님은 그렇게 하시지 않았다.

인간을 아버지 하나님과 연결하기

예수님의 치유사역을 계속 고려해 볼 때, 우리는 먼저 누가복음 5:17-25을 볼 것이다.

어느 날 주께서 가르치실 때 바리새인들과 율법 박사들도 그 곁에 앉아 있었는데, 그들은 갈릴리의 각 고을과 유대와 예루살렘에서 왔더라. 주의 권능이 그곳에 있어 그들을 치유시켜 주시더라. 그런데, 보라, 사람들이 한 중풍병에 걸린 사람을 침상째 안으로 데려와 주 앞에 내려놓으려고 애를 쓰더라. 그러나 무리 때문에 그를 데리고 들어갈 수 있는 방도를 찾지 못하자 지붕으로 올라가 기와를 뚫어 그를 침상과 함께 예수 앞에 한가운데 내려놓으니 주께서 그들의 믿음을 보시고 그 사람에게 말씀하시기를 "이 사람아, 네 죄들이 용서되었느니라."고 하시더라. 그때 서기관들과 바리새인들이 의논하기 시작하며 말하기를 "하나님을 모독하는 말을 하는 이 사람은 누구인가? 하나님 한 분

외에 누가 죄들을 용서할 수 있단 말인가?"라고 하니 예수께서 그들의 생각을 아시고 그들에게 대답하여 말씀하시기를 "너희 마음속에 무엇을 의논하느냐? '네 죄들이 용서받았느니라.' 고 말하는 것과 '일어나서 걸어가라.' 고 말하는 것 중에서 어느 것이 더 쉽겠느냐? 그러나 이는 인자가 세상에서 죄들을 용서하는 권세를 가진 것을, 너희로 알게 하기 위함이라." 하시고 (그 중풍병자에게 말씀하시기를) "내가 너에게 말하노니, 일어나 네 침상을 들고 네 집으로 가라."고 하시더라. 그가 즉시 사람들 앞에서 일어나 자기가 누웠던 침상을 들고 하나님께 영광을 돌리며 자기 집으로 가니

이 구절에서 우리는 예수님이 꼬치꼬치 캐묻는 바리새인들과 율법교사들로 가득 찬 집에서 가르치고 계셨다는 것을 발견한다. 17절은 모든 사람을 고치는 주님의 권능이 그곳에 있었다고 말한다. 이것은 하나님의 위대한 은혜를 보여준다. 그곳에 있는 모든 사람을 고치는 것이 바로 하나님의 의도였다.

비록 한 사람만 치유되었지만, 그 치유받은 사람이 믿음을 가지고 있었기 때문에 20절은 이 경우가 사람이 시작한 치유라는 것을 보여주는 것 같다. 그러나 "이 사람의 믿음이 어디서 시작되어 어디서 끝났는가?"라는 질문을 반드시 해야 한다. 다시 말하자면, "이 사람은 무엇을 믿었는가?"

18절은 말한다. **사람들이**(중풍병에 걸린 사람과 그의 네 친구들) **그를 데려오려고 애쓰더라.** 이 말은 다섯 사람이 믿었다는 것을 선포하고

있다. 그들은 모두 예수님이 해답인 줄 믿었다. 그들은 예수님께 갈 수 있다면 아픈 자가 치유될 것이라고 믿었다.

이 구절에서 "애썼다"라는 말은 *의도*를 보여준다. 이 사람들은 이 여정을 가기로 함께 계획했다. 중풍병자는 친구들이 그저 아무 곳이나 자기를 데려가게 하지 않았다. 그는 *예수님께* 데려가기를 원했다. 그리고 네 친구들은 그에게 이 여정은 왕복티켓이 아니라고 말했다고 나는 확신한다. 그들은 그가 예수님의 임재에 들어가기만 한다면 치유되리라 온전히 기대했기 때문에 편도로만 운반해 가려고 했다.

이 사람들이 만남을 계획한 것 자체가 믿음의 표현이었다. 그들의 여정은 믿음을 행동으로 보여준 것이었다. 그들이 예수님이 가르치고 있던 집에서 반대에 부딪혔을 때, 그것은 그들이 의도했던 일이 실패하느냐 성공하느냐를 시험할 수 있는 기회였다.

그 사람들은 멋지게 시험에 합격하였다. 그들은 하고자 했던 일을 이루기로 결단했고 행동했다. 20절에서 예수님은 그들의 믿음을 *보셨다*. 그리고 모든 사람들도 역시 믿음을 보았다.

잠깐 멈추고 이 이야기에서 실제로 일어난 일을 분석해 보자. 중풍병자와 그의 친구들은 예수님께 가려는 믿음이 분명히 있었다. 친구를 예수님 앞에 두려고 네 사람이 취했던 극단적인 조치는 그들의 믿음을 드러내는 것이었다. 예수님과 다른 사람들은 이 사람들이 믿고 기대했던 것을 *보았다*.

그러나 믿음이 있었고 권능도 있었다면, 왜 즉각적으로 치유가 일어나지 않았을까?

이유는 이렇다. 한 사람이 하나님의 능력 앞에 있다고 해도 그 능력과 연결되기 위해서는 여전히 그의 믿음을 풀어놓아야만 한다.

이 사람은 그의 믿음을 풀어놓기 위해 무엇을 해야 할지 몰랐다. 누가 그를 도와주지 않았다면 그는 무기한 질병으로 침상에 계속 누워있었을 것이다.

우리가 16명의 개인 사례를 연구할 때, 예수님은 사람들이 치유를 받을 수 있도록 그들을 적절한 믿음의 반응으로 이끄는데 대가Master 이셨다는 것을 보게 될 것이다. 이것이 바로 예수님이 여기에서 하셨던 일이다.

예수님은 이 사람에게 말씀하셨다. "사람아, 네 죄들을 용서받았느니라."(20절) 이 시점에서, 그의 치유를 주도한 것이 이 사람인지 혹은 하나님인지에 대한 질문은 이 상황에는 적용되지 않았다. 혈루증을 앓던 여인과 달리 이 사람은 스스로 믿고 받고 축복 가운데 걷지 않았다. 그는 어느 정도까지 믿었지만, 나머지는 예수님이 도와주셔야만 했다.

그러므로 예수님의 사역에서 이 경우는 사복음서에 제시된 대로 또 다른 치유법을 보여준다. 예수님이 이 사람의 믿음을 가르치시고 능력을 부여하셨기 때문에, 우리는 이 방법을 "하나님-인간 편God-man side"이라고 부른다.

하나님 편과 인간 편 사이에 한 분 중재자가 계시는데, 바로 사람이신 그리스도 예수이시다. 예수님의 사역을 똑같이 행하기 위해 이 사실이 얼마나 중대할까? 나는 이것이 그리스도의 몸 안에서 치유사역이 성공하지 못하는 잃어버린 주요한 요소 중 하나라고 믿는다.

빌라도처럼 우리 삶에 하나님의 능력이 나타나지 않는 책임을 무마하기 위해 손을 씻는 것에만 관심을 가진다면, 우리의 멘토이신 예수님의 효율성에는 결코 접근하지 못할 것이다. 우리가 사람들에게 적극적인 믿음으로 반응하지 않는 애매모호한 메시지를 전파하거나 가르치면서, 성령이 그의 은사를 시행할 것인지 아닌지를 보기 위해서 항상 기다린다면 우리는 결코 결과를 내지 못할 것이다.

예수님은 우리가 받는 사람을 도울 방법이 있다는 것을 보여주신다. 더 언급하기 전에 이 사례연구를 마무리해 보자.

지붕을 통해 내려온 이 사람은 예수님 앞에 마비된 채로 놓였을 때, 그다음에 무엇을 해야 할지 몰랐다. 그때 예수님은 그에게 믿음의 명령을 하셨는데 그것은 단순히 그 사람이 믿고 그에 따라 행동하라는 말이었다. 예수님은 그에게 말씀하셨다. "사람아, 네 죄들을 용서받았느니라."

그 시점에서, 그 사람이 예수님이 실제로 하셨던 말씀을 이해했다면, 그는 일어나서 걸어가도록 풀려난 것이었다. 참석한 종교적인 사람들은 예수님의 명령에 마음을 완고하게 했는데 그것은 주님을 자극해서 그들의 불신을 대면하게 했다. 주님은 그들에게 말씀하셨다. "네 죄들을 용서받을지어다 하고 말하는 것과 일어나 걸어가라 하고 말하는 것 중에 어느 것이 더 쉬우냐?"(23절)

실제로, 이 두 말은 같은 것을 말하는 것이었다. "네 죄들을 용서받았느니라"고 선포하는 신성한 권위를 지니신 분은 또한 중풍병자를 일어나서 걸어가게 하는 신성한 능력을 지니고 있다!

내가 여기서 말하는 요점은, 예수님은 이 사람이 믿음을 풀어놓도록 도우셨다는 것이다. 예수님은 중재자의 위치를 맡음으로써 하나님 편과 인간 편을 연결하셨다고 말할 수 있다.

사역자들은 중재자로 부름받는다

수년 동안, 하나님의 양들은 목자들이 그들을 기적으로 이끌어 주기를 갈망해 왔다. 많은 이들이 믿음을 풀어놓기 위해 도움이 필요했지만, 그들에게 돌아온 것은 똑같이 능력 없고 비효과적인 미사여구뿐이었다.

이 땅에서 챔피언들인 "하나님-사람들God-men", 즉 하나님의 본성을 지닌 사람들의 필요성을 깨닫게 도와주는 좋은 실례가 여기 있다. 내가 나가서 좋은 목초지를 위한 땅과 흐르는 맑은 물을 찾아 돌아다니는 목자라고 가정해 보자. 나는 결국 찾던 것을 찾을 것이지만 양들을 새로운 장소로 데려오는 것이 문제가 될 것이다. 그래서 나는 양들을 전부 한곳에 모아 내가 발견한 것에 대해 말할 것이다.

"그곳에 가는 쉬운 길이 있어."라고 나는 설명한다. "그냥 언덕 위로 올라가서 소나무 숲까지 가라. 큰 바위에 다다를 때까지 숲의 왼쪽으로 가라. 그리고 왼쪽으로 돌아서 목초지에 다다를 때까지 골짜기를 따라 가라. 목초지에 도착하면 약 4분의 1마일 떨어진 조용한 시냇물을 만날 때까지 동쪽으로 가라."

양들이 새로운 장소에 도달할 가능성이 있다고 생각하는가? 내가 도박꾼이라면 한 마리도 도달하지 못하는데 돈을 걸 것이다. 한 마리가 도달했다고 해도 그것은 우연히 그렇게 되었을 것이다.

이 실례에서 양들이 성공하는데 필요한 중대한 요소가 무엇일까? 목자이다. 양들이 새로운 장소에서 기다리고 있는 축복을 경험하려면 목자는 그들을 그곳으로 인도해야 할 것이다.

그리스도의 몸에도 역시 마찬가지이다. 하나님은 목사나 목자인 사역자가 인간 편과 하나님 편을 연결하고 하나님의 축복을 받는 성령 안에 있는 장소로 맡겨진 양 떼를 인도할 책임이 있다고 여기신다. 에스겔 34장은 하나님이 어떻게 이 문제를 보시는지 밝혀주고 있다.

> 주의 말씀이 내게 임하여 말씀하시니라. 인자야 이스라엘의 목자들을 대적하여 예언하라. 그들에게 예언하여 말하라. 주 하나님이 목자들에게 이같이 말하노라. 자신들만 먹는 이스라엘의 목자들에게 화가 있도다. 목자들이 양무리들을 먹여야 하지 아니하냐 너희가 살진 양들을 잡아 기름을 먹고 양털로 옷을 입어도 양무리는 먹이지 아니하는도다. 너희가 환자에게 힘을 돋우어 주지 아니하고 병든 자를 치유하지 아니하며 상한 자를 싸매어 주지 아니하고 쫓겨난 자를 다시 데려오지 아니하며 잃어버린 자를 찾지 아니하였도다. 그 대신 너희가 폭력과 잔인함으로 그들을 다스렸도다. 그들은 목자가 없으므로 흩어졌고 그들이 흩어졌을 때 들의 모든 짐승들에게 먹이가 되었도다. 내 양이 모든 산들과 높은 언덕마다 유리하였으며, 정녕 내 양무리가 땅의 모든 지면에 흩어졌으나 그들을 찾거나 찾아 나선 자가 아무도 없도다. 그러므로 너희 목자들아 주의 말을 들으라.

주 하나님이 말하노라. 내가 살아 있거니와 분명히 내 양무리가 약탈물이 되었고 내 양무리가 들의 모든 짐승들에게 먹이가 된 것은 목자가 없었음이요, 또 내 목자들이 내 양무리를 찾지도 않고 자신들만 먹고 내 양무리는 먹이지 아니하였기 때문이다. 그러므로 오 너희 목자들아, 주의 말을 들으라. 주 하나님이 이같이 말하노라. 보라, 내가 목자들을 대적하노라. 내가 내 양무리를 그들의 손에서 찾고 그들이 양무리를 먹이는 것을 그치게 하며 목자들이 더 이상 자신들만 먹지 못하게 하리니 이는 내가 나의 양무리를 그들의 입에서 구해 내서 그들에게 먹이가 되지 못하게 할 것임이라. 주 하나님이 이같이 말하노라. 보라, 나, 곧 내가 나의 양을 찾을 것이며 또 그들을 찾아내리라. 목자가 흩어져 있는 자기 양들 가운데 있는 날에 그가 자기 양무리를 찾아냄같이 나도 내 양을 찾아내고 그 양들이 흐리고 어두운 날에 흩어졌던 모든 곳에서 그들을 구해 내리라. 내가 그들을 그 백성들로부터 데리고 나오고 나라들로부터 그들을 모아서 그들의 본토로 데려와서 강가에 있는 이스라엘의 산들 위에서와 그 나라의 사람이 사는 모든 곳에서 그들을 먹이리라. 내가 그들을 좋은 초장에서 먹이고 그들의 우리는 이스라엘의 높은 산들 위에 있으리니 그들은 거기 좋은 우리에 누울 것이며 그들은 이스라엘 산들 위의 기름진 초장에서 먹으리라. 내가 내 양무리를 먹일 것이요, 내가 그들을 눕게 하리라. 주 하나님이 말하노라. 내가 잃어버린 자를 찾을 것이요, 쫓겨났던 자를 다시 데려오고 상한 자를 싸매 주며 병든 자를 강건케 해주리라. 그러나 나는 살지고 강한 자를 멸할 것이며 심판으로 그들을 먹이리라.

에스겔 34:1-16

목자들이 목자장이 준 직무 내용을 따르는 것이 하나님께 얼마나 진지한 것인지 볼 수 있는가? 예수님이 스스로 자신은 선한 목자요 선한 목자는 양들을 돌본다고 말씀하셨다(요 10:11). 신유에 대한 16명의 사례에서 예수님은 또한 지혜와 믿음과 기름부음과 지시를 통해 사람들을 구출하고 자유케 했던 중재자의 위치에 서셨다.

강대상의 설교자가 좌석에 앉아 있는 성도들에게 무능함과 불이 없다고 비난하는 것은 부당한 것이다. 물론, 사람들은 하나님의 축복을 받을 것인지 아닌지를 선택한다. 우리는 예수님이 고향에서 하신 사역 가운데 이것을 볼 수 있다. 그곳의 사람들은 예수님을 적대하기로 선택했기 때문에, 그들의 불신이 놀라운 일을 일으키는 하나님의 능력을 무효로 만들었다(마 13:53-58). 그러나 대부분의 사람들은 자신들의 성공에 전념하는 사역자들에게 도움을 받을 때 아주 순응적이다.

사도 바울은 그리스도의 몸의 모든 지체들이 믿음 안에서 성장하고 발전해야 하는 책임을 크게 강조했다는 것을 여기서 주목해야 한다. 이것은 사역자를 비난하거나 직접적인 비판을 가하는 것이 절대 아니다. 바울은 그리스도의 몸의 모든 지체들이 성장과 발전을 이루어야 하는 책임을 균형있게 적용하는 것을 보여주었다.

사역자들은 사람들에게 기름부음 있는 가르침과 하나님의 능력의 나타남을 일괄적으로 제공하도록 부름받은 그리스도의 몸에 주어진 선물이다. 그래서 이들은 듣는 자들이 믿음으로 복음의 메시지를 받아 자신들의 삶에서 하나님 왕국을 위한 결과를 만들어 내도록 돕는다.

그러나 이 점에 있어서 그리스도의 몸이 거의 노력을 하지 않고 있는데,

그것은 보통 그릇된 사고와 관계가 있다. 사역자들은 너무나도 자주 듣는 자들의 마음에 사람들에게 부족한 것은 무엇이든지 하나님이 놀라운 움직임을 통해 공급할 것이라는 인상을 남긴다.

이러한 오해는 사람들이 무능함을 극복하기보다는 받아들이도록 조장할 뿐이다. 이러한 사고방식에 따르면, 그들이 할 수 있거나 할 수 없는 것 모두가 교회에 나타나는 하나님의 역사에 달려있고 그것에 비례한다는 것이다.

그러나 우리가 반드시 이해해야 하는 깜짝 놀랄 실재는, 예수님이 우리 마음 안으로 들어오신 날 우리가 실제로 "주님의 움직임"이 *되었다*는 것이다. 우리가 움직일 때 하나님도 움직이신다.

바디매오의 치유에 나타난 하나님-인간의 연결

중재자로서 예수님의 역할을 나타내는 다음 치유 사례는 마가복음 10:46-52에서 볼 수 있다.

그리고 그들이 여리코에 갔더라. 주께서 제자들과 많은 무리와 함께 여리코에서 나가실 때, 디매오의 아들 소경 바디매오가 대로에 앉아서 구걸하더라. 마침 그가 나사렛 예수라는 말을 듣고, 소리지르기 시작하여 말하기를 "다윗의 아들 예수여, 나에게 자비를 베푸소서."라고 하니 많은 사람이 그에게 잠잠하라고 꾸짖더라. 그러나 그는 더 크게 소리질러 "다윗의 아들이여, 나를 불쌍히 여기소서."라고 하더라. 예수께서 멈추어 서서 "그를 부르라."고 명하시니, 제자들이 그 소경을 불러 말하기를 "안심하고 일어나라. 주께서 너를 부르신다."고 하니 그가 겉옷을 던져 버리고 일어나 예수께로 오더라. 예수께서 그에게 대답하여 말씀하시기를 "내가 너에게 무엇을 해주기를 원하느냐?"고 하시니, 그 소경이 말씀드리기를 "주여, 내가 보기를 원하나이다."라고 하더라. 예수께서 그에게 말씀하시기를 "가라, 네 믿음이 너를 낫게 하였느니라."고 하시니, 그가 즉시 보게 되고 그 길로 예수를 따르더라.

먼저 이 이야기의 마지막을 보면 믿음이 연관된 것을 볼 것이다. 그러나 나는 이 사례를 하나님-인간 편의 치유의 예에 포함시킬 수 있다고 믿는다.

소경 바디매오는 예수님이 다윗의 자손이었다는 것을 이해한 것에 칭찬받아야 한다. 예수님을 다윗의 자손이라고 부르는 것은 예수님을 메시아로 부르는 것이었다. 이것은 바디매오가 예수님께 도와달라고 부르짖을 때 자기가 언급하고 있는 사람이 누구인지를 알았다는 것을 가리킨다. 대부분의 사람들은 예수님에 대해 말할 때 사람의 이름인 나사렛 예수를 사용했기 때문이다.

성경은 그곳에 모인 사람 중에 다른 사람은 치유받았다고 기록하지 않는 것을 주목하는 것은 또한 흥미롭다. 우리는 바디매오가 예수님이 누구신지 알았다는 것을 볼 수 있다. 그러나 그는 예수님이 자기 말을 들었는지 아닌지는 몰랐다. 그래서 바디매오의 부르짖음은 실제로 믿음의 부르짖음보다는 더 절박한 호소였다.

그러나 그가 예수님이 자기 소리를 들었다는 말을 듣고 특히 겉옷을 던져 버리는 반응을 했을 때, 우리는 바디매오에게서 믿음을 보게 된다. 이 겉옷은 바디매오의 장님 상태를 나타내는 지위의 상징이었다. 바디매오가 겉옷을 던져 버렸던 사실은 더 이상 겉옷이 필요 없을 것이라고 믿었다는 것을 시사한다. 이것은 분명히 행동으로 나타난 믿음이다. 그러나 바디매오가 예수님께 와서 그 앞에 섰을 때는 여전히 장님이었다.

예수님이 "내가 너에게 무엇을 해주기를 원하느냐?"고 물었을 때 바디매오가 했던 반응에 주목하라. 바디매오는 대답했다. "주여 내가 보기를 원하나이다."(51절)

이 시점에서 바디매오는 아직 받지 못했다. 예수님이 그에게 내렸던 다음 지시는 내가 이 사례를 하나님-인간 편의 범주에 넣는 이유이다. 예수님이 말씀하셨다. "가라, 네 믿음이 너를 낫게 하였느니라."(52절)

예수님이 바디매오에게 그분을 따라오라고 말씀하시지 않았다는 것을 주목하라. 예수님은 그저 말씀하셨다. "가라." 그러나 어떻게 보지 못하는 사람이 자신의 길을 가겠는가?

이것이 정확하게 예수님이 바디매오에게 그렇게 할 믿음을 가지라고 말씀하셨던 이유이다. 믿음으로만 장님은 예수님의 지시를 따르고 "그의 길을 갈" 수 있었다.

계속 반복해서 예수님은 자연적인 영역에서 할 수 없는 바로 그 일을 하라고 사람들을 격려하셨다. 바디매오가 예수님의 말에 순종하려고 돌아섰고 그 즉시 그의 눈이 열렸다. 치유되자, 바디매오는 보고 있는 군중들과 합세해서 기쁨으로 주님을 따랐다.

바디매오가 해야 할 부분은 예수님께 와서 치유를 얻기 위해 도움을 구하는 것이었다. 예수님이 하셨던 부분은 인간을 하나님과 연결하는 중재자의 역할이었다.

이야기의 나머지 부분

보다시피, 인간 편과 하나님-인간 편은 확실한 차이가 있다. 인간 편은 다른 사람의 도움 없이 개인의 믿음이 포함된다. 하나님-인간 편도 역시 믿음을 포함하지만 받는 자와 사역자가 함께 결합해서 일한다.

이러한 구분은 그리 중요하지 않은 것처럼 보이거나 단순한 의미의 문제로 보여질 수 있다. 그러나 반대로, 이것은 두 가지 축복 방식 사이에는 상당한 차이가 있음을 보여준다.

예수님은 사람들을 믿음으로 들어가게 하고 그 믿음을 풀어놓도록 돕는데 거장이셨다. 예수님이 하나님과 연결하는 것을 돕지 않았다면, 많은 사람들이 스스로 받느라 고군분투했을 것이다.

다음 목록은 예수님의 사역에 있었던 14개의 다른 치유 사례를 포함한다. 이 사례를 적절한 범주에 넣는 것을 돕기 위해 각 사례에 대해 간단하게 설명하였다.

1. 문둥병자 : 마가복음 1:40-45

   하나님 - 인간 편

   이 사람은 자기를 치유하는 것이 예수님의 뜻이었는지 아니었는지 알아야 할 필요가 있었다. 하나님의 뜻에 대한 지식이 없는 믿음은 붙잡을 것이 아무것도 없다. 한때 한 사역자가 말했던 대로, "믿음은 하나님의 뜻을 아는 곳에서 시작된다."

   예수님은 문둥병자의 질문에 그분의 말씀과 그분의 치유하는 손으로 즉시 만지심으로 답하셨다.

2. 베드로의 장모 : 누가복음 4:38, 39

   하나님 - 인간 편

   이 상황에는 믿음과 예수님의 기름부음만이 포함되었다. 열병을 꾸짖는데 성령의 은사가 사용되지 않았다. 이것은 또한 하나님-인간 편의 사례였다.

3. 열 명의 문둥병자들 : 누가복음 17:11-19

   하나님 - 인간 편

   문둥병자들이 예수님께 도와 달라고 부르짖었다. 예수님은 그들에게 가서 제사장들에게 몸을 보이라고 지시하셨다. 그들이 순종했을 때 치유되었다.

4. 귀족의 아들 : 요한복음 4:46-54

하나님 – 인간 편

예수님은 도와 달라는 귀족의 요청에 그에게 아들이 살았다는 확신을 주시면서 집으로 가라고 명령하셨다. 그 사람이 순종했을 때 기적이 일어났다.

5. 손 마른 사람 : 마태복음 12:9-13

하나님 – 인간 편

예수님은 해오시던 방식대로, 그 사람에게 할 수 없었던 일, 즉 손을 내밀라고 말씀하셨다. 그 사람이 들은 대로 했을 때 손이 회복되었다.

6. 두 소경 : 마태복음 9:27-31

하나님 – 인간 편 또는 인간 편

두 사람이 예수님을 쫓아와서 자비를 베풀어 달라고 부르짖었다. 예수님이 그들에게 "내가 할 수 있다고 믿느냐?"고 물으셨다. 그 사람들이 "예."라고 대답했을 때 그들은 치유되었다.

7. 간질 걸린 소년 : 마가복음 9:14-29

하나님 – 인간 편

그 아이는 말 못하게 하는 귀신이 들려 있었다. 예수님이 그 귀신을 내쫓으셨다. 권세가 사용되었고 은사는 필요하지 않았다.

8. 벳새다의 소경 : 마가복음 8:22-26

하나님 - 인간 편

예수님은 완전히 치유하기 위해 이 사람에게 두 번 안수하셨다. 이 사람의 치유가 그저 은사였다면 왜 예수님이 그에게 두 번 안수하셨겠는가? 그 사람은 하나님의 능력과 연결되는데 도움이 필요했다.

9. '병약의 영'에 사로잡힌 여인 : 누가복음 13:11-17

하나님 - 인간 편

11절에 따르면, 이 여인은 병약의 영에 사로잡혔다고 알려졌다. 예수님은 이것을 분별하기 위해 성령의 은사가 필요치 않으셨다. 예수님은 단순히 믿음으로 말씀하시고 그 여인을 풀어 주서서 악한 영이 그녀에게서 떠나고 그녀의 몸은 다시 정상이 될 수 있었다. 예수님은 16절에서 이 여인을 자유케 하기 위해 권세를 행사하셨다는 사실을 암시하셨다.

10. 눈멀고 벙어리 귀신들린 사람 : 마태복음 12:22-23

하나님 편 또는 하나님 - 인간 편

마지막 사례로, 이 사람은 귀신 들린 것으로 알려졌다. 누가는 예수님이 귀신을 내쫓았다고 말한다. 예수님이 귀신을 다루고 있었다는 것을 나타내기 위해 성령의 은사가 필요했다면, 이것은 하나님 편의 치유법의 실례가 될 것이다. 예수님이 그런 정보가 필요하시지 않았다면 이것은 하나님-인간 편의 사례가 될 것이다.

예수님의 사역에서 네 가지 치유 사례가 남아있다. 이 네 가지는 주어진 정보가 완전하지 않기 때문에 적절한 결론을 내리기가 어렵다. 이들 사례 대부분은 그 치유법을 하나님이 주도한 개입, 아니면 하나님-인간 사이의 중재로 구분 지으면 실수의 여지를 남기게 된다.

11. 벙어리 귀신들린 사람 : 마태복음 9:32, 33
    하나님 편 또는 하나님 – 인간 편
    예수님이 귀신을 내쫓으셨다.

12. 실로암 연못의 소경 : 요한복음 9:1-38
    하나님 편 또는 하나님 – 인간 편
    이 사람을 치유하기 위해 예수님이 사용하셨던 방법은 예수님이 성령의 인도함을 받았다는 것을 나타낸다.

13. 귀 먹고 말 더듬는 사람 : 마가복음 7:31-37
    하나님 편 또는 하나님 – 인간 편
    예수님이 이 사람을 무리로부터 따로 데리고 가셔야 했다면, 그렇게 한 것이 예수님의 권세와 믿음이 이 사람에게 역사할 수 있게 한 것일까? 그것이 은사였다면 왜 예수님이 이렇게 하셔야 했을까? 명백한 결론을 내리기가 어렵다.

14. 수종병에 걸린 사람 : 누가복음 14:1-6
하나님 편 또는 하나님 – 인간 편
이 사례는 예수님이 이번에는 이 사람에게 지시를 내리시지 않았다는 것을 제외하고는 손마른 사람의 사례와 같다.

이 모든 사례는 우리에게 마스터 중재자이신 예수님의 치유사역에 대한 통찰력을 제공해 준다. 우리가 사역에서 주님에 필적하기를 원한다면, 다른 사람들이 믿음을 풀어놓고 그들의 삶에 나타나는 하나님의 능력을 볼 수 있도록 하나님과 연결되도록 도우면서, 다른 사람들을 위해 갈라진 틈에 서고자 해야만 한다.

인간 편 믿음 편	하나님 – 인간 편 중재자 편	하나님 편 은사 편
마가복음 5:25-34	누가복음 17:11-19	요한복음 5:1-9
마태복음 8:5-13	마가복음 10:46-52	마태복음 9:32, 33*
마태복음 9:27-31*	마가복음 1:40-45	요한복음 9:1-38*
	누가복음 4:38-39	마가복음 7:31-37*
	누가복음 17:11-19	누가복음 14:1-6*
	요한복음 4:46-54	마태복음 12:22-23*
	마태복음 9:14-29	
	마가복음 8:22-26	
	누가복음 13:11-17	

*이 사례들도 *하나님–인간 편*의 예가 될 수 있다.

04
당신이 누구인지 생각하라

그리스도의 몸이 예수님의 사역을 되풀이하려고 한다면, 반드시 예수님이 사용하셨던 방법을 "올바르게 구분해야" 한다. 그리스도의 몸으로서 우리는 반드시 예수님의 관점을 개발하고 예수님의 사고방식을 채택하면서 예수님이 보시는 대로 사물을 보아야만 한다.

사람의 "의식"은 그 사람이 진리라고 아는 것을 말한다. 그리고 사람이 진리라고 아는 것은 그 사람의 태도에 나타날 것이다.

예수님은 가는 곳마다 하나님의 영의 놀라운 임재를 지니고 다니셨다. 따라서, 예수님이 나타나실 때마다 귀신들이 움츠러들고 비명을 질렀다. 종교적인 사람들은 불평하고 예수님을 없애려고 하였다. 물론, 예수님의 도움이 필요했던 일반인들은 그분을 사랑하였다.

우리가 그와 같은 하나님의 임재를 지니고 예수님과 같은 강력한 사역을 똑같이 하려면, 반드시 그분과 같이 생각해야만 한다. 우리는 반드시 예수님이 그랬던 것처럼 우리의 신성한 목적과 권세를 이해해야 한다.

우리의 옛 사고 패턴을 예수님의 사고방식으로 대체하려 할 때 우리가 확신할 수 있는 한 가지가 있다. 예수님은 생각을 말씀을 통해 개발하셨다는 것이다. 누가복음 2:40-52은 예수님은 심지어 아이일 때부터 말씀을 통해 성장했다는 통찰력을 준다.

아기가 자라매 영 안에서 강건해지고, 지혜로 충만하며, 또 하나님의 은혜가 그의 위에 있더라. 해마다 유월절이면 그의 부모가 예루살렘에 가더라. 그가 열두 살 되었을 때에, 그들이 그 명절의 관례에 따라 예루살렘에 올라갔다가, 그 절기가 끝나서 돌아올 때, 아이 예수께서는 예루살렘에 머물렀으나, 요셉과 주의 모친은 그것을 모르더라. 그들은 그가 동행자들 중에 있는 줄로 생각하고 하룻길을 갔다가, 친척들과 아는 사람들 중에서 그를 찾았으나, 찾지 못하자, 다시 예루살렘으로 돌아가서 그를 찾으니라. 삼 일 후에 성전에서 그를 찾았는데, 그가 박사들 가운데 앉아 그들에게서 듣기도 하고 묻기도 하시더라. 그가 말씀하시는 것을 들은 사람들은 모두 그의 총명과 답변에 놀라더라. 그들이 그를 보고 깜짝 놀라며, 그의 모친이 그에게 말하기를 "아들아, 어찌하여 우리에게 이렇게 하였느냐? 보라, 네 아버지와 내가 걱정하며 너를 찾았다."라고 하니, 주께서 그들에게 말씀하시기를 어찌하여 나를 찾으셨나이까 내가 나의 아버지의 일을 해야 될 줄을 알지 못하셨나이까?"라고 하더라. 그러나 그들은 주께서 하신 말씀을 깨닫지 못하더라. 주께서 그들과 함께 내려가 나사렛에 오셔서, 그들에게 순종하시더라. 그러나 주의 모친은 이 모든 말을 자기 마음속에 간직하더라. 예수께서는 지혜와 키가 자라고, 하나님과 사람의 총애 속에서 자라 가시더라.

이 구절에서 주목해야 하는 요점은, 예수님은 자라면서 영 안에서 강해지셨고 지혜와 키도 자라셨다는 것이다. "자랐다grew"와 "해졌다became"와 "증가했다increased"는 말은 모두 예수님의 발전이 점진적이었다는 것을 가리킨다.

어떤 이들에게 이 진리는 진정한 계시로 다가온다. 많은 이들은 예수님을 모든 지식과 계시를 완전히 갖춘 하나님의 아들로서만 본다. 그러나 예수님도 역시 인간이셨는데, 그것은 법적으로 예수님이 우리의 온전한 속량의 목적을 이루도록 인간으로서 이 땅에서 기능하도록 만들었다. 예수님이 지혜와 키가 자라고 하나님과 사람들에게 은총을 받을 수 있었다면, 우리도 역시 그럴 수 있다는 것을 의미한다.

그리스도의 마음을 개발하기

나는 최근에 빌립보서 2:5, 6에 주목하였다. 하나님은 이 말씀에 대해 몇 가지 진리를 내 마음에 불러일으켰다. 그 진리는 이 책 이면에 있는 바로 그 목적을 망라한다. 5절과 6절은 말한다. **너희 안에 이 생각을 품으라. 곧 그리스도 예수 안에도 있는 생각이라. 그는 하나님의 형체로 계시므로 하나님과 동등하게 되는 것을 탈취라 생각지 아니하셨으나.**

물론, 하나님은 우리가 이룰 수 없는 일을 행하라고 요구하지 않을 것이다. 그러므로 우리가 그리스도의 마음을 가지는 것은 전적으로 가능하다.

그리스도의 마음의 심오한 중요성을 생각해 보자. 솔로몬은 말했다.

"그의 마음의 생각이 어떠함같이 그도 그러하니라."(잠 23:7) 이 말은 의심할 여지 없이, 그리스도의 몸이 예수님의 사역을 되풀이하기 위해서는 반드시 예수님처럼 생각해야 한다는 것을 의미한다. 요한일서 2:6은 말한다. **그분 안에 거한다고 말하는 자는 그가 행하신 대로 자기도 행해야 하느니라.**

예수님은 일생에 걸쳐 자신이 누구신지를 극도로 확신하셨다. 요한은 예수님이 **"나와 내 아버지는 하나이니라"**(요 10:30)고 말씀하셨다고 기록한다. 이 구절 뒤에 예수님은 "나는 하나님의 아들이다"라고 선포하셨다.

이제 빌립보서 2:6(NIV)을 보자. **그는 근본 하나님의 본체시나 하나님과 동등됨을 취할 것으로 여기지 아니하시고.**

예수님은 하나님과 동등하셨으나 그 동등함의 권리나 이점을 붙잡으려 하지 않으셨다. 예수님은 인간으로 태어나려고 이 세상에 들어오기 전에 먼저 하나님 됨의 모든 특권을 내려놓으셨다. 예수님은 심지어 하나님과 동등한 것이 어떤 식으로든 주님의 운명을 성취하는 것을 방해할 것이기 때문에 그 사실마저도 내려놓으셨다.

예수님의 모습은 사람의 모습이었다(8절). 그러나 예수님은 이 땅에서의 사역을 성취하기 위해 스스로를 인간성에 속박했을 것이다. 우리는 반드시 이 질문을 해야만 한다. 예수님은 실제로 인간의 마음과 몸을 지닌 인간이셨기 때문에, 그분의 어떤 자질이나 하나님과의 연결이 그분으로 하여금 엄청난 성공과 죽음, 지옥, 무덤에 대한 궁극적인 승리를 가능하게 했을까?

즉각적으로 예수님은 성령의 능력으로 기름부음 받았다는 답이 나올 것 같다. 그러나 그리스도의 몸인 교회도 역시 성령의 능력으로 기름부음 받았다. 그러나 그리스도인들은 예수님의 일을 지속적으로 재생산하지 못한다.

사도 바울은 위에 언급한 질문에 해당하는 어떤 원리에 대해 언급한다. 빌립보서 2:12, 13(NIV)은 말한다. **그러므로 나의 사랑하는 자들아 너희가 나 있을 때뿐 아니라 더욱 지금 나 없을 때에도 항상 복종하여 두렵고 떨림으로 너희 구원을 이루라. 너희 안에서 행하시는 이는 하나님이시니 자기의 기쁘신 뜻을 위하여 너희에게 소원을 두고 행하게 하시나니.**

나중에 바울은 고린도후서 4:7에서 우리가 이 보물을 질그릇에 가졌으니 이는 그 능력의 탁월하심이 하나님께 있는 것이지 우리에게 있는 것이 아니라고 말한다. 바울은 하나님과 하나님이 거하시는 인간과의 구분을 잘 드러내는 것 같다. 바울은 하나님의 임재를 세상에 반드시 나타나야만 하는 위대한 보물이라고 기술한다.

우리가 지금 예수님의 생명과 사역을 되돌아보면서, 예수님은 세상에 오시기 전에 하나님과 동등됨을 취할 것으로 여기지 않으셨다는 것을 반드시 기억해야 한다. 그러나 이 땅에 계셨던 때를 살펴보면, 예수님이 생각하신 대다수가 하늘의 자산과 하늘에서 오는 기름부음과 하늘의 목적과 아버지와의 사귐에 초점이 있었다는 것을 알 수 있다.

예수님은 지속적으로 아버지에 대해 말씀하셨다. 또한 예수님은 계속해서 자신이 누구신지, 무엇을 이루도록 보냄을 받았는지를 말씀하셨다.

예수님은 기꺼이 하늘의 특권을 일시적으로 버림으로 인간 세상에 접근하셨던 반면, 동시에 하늘을 계속적으로 묵상하고 그에 상응하는 행동으로 하늘로부터 오는 공급에 접근하셨고 하나님의 능력을 가져와 그분의 삶에 나타나게 하셨다.

예수님이 하늘의 능력에 접근하기 위해 활용하셨던 열쇠나 연결은 바로 이것이었다. 즉 예수님이 일시적으로 내려놓고자 하셨던 바로 그 위치가, 믿음으로 행동할 때 예수님의 목적을 이루는 능력과 그분이 본래 가지고 계셨던 영광을 드러내는 진리였다.

그리스도 안에서 당신이 누구인지를 생각하라

로마서 6:1-11은 우리가 이 신비를 푸는데 도움이 될 수 있다.

그런즉 우리가 무슨 말을 하리요? 은혜가 넘치게 하려고 죄에 거하겠느냐? 결코 그럴 수 없느니라. 죄에게 죽은 우리가 어떻게 더 이상 그 가운데 살겠느냐? 예수 그리스도 안으로 침례받은 우리가 그의 죽으심 안으로 침례받은 것을 알지 못하느냐? 그러므로 우리가 죽음 안으로 침례를 받아 그와 함께 장사되었으니 이는 아버지의 영광으로 인하여 그리스도께서 죽은 자들로부터 일으켜지심과 같이 우리도 또한 생명의 새로움 가운데서 행하게 하려 함이니라. 만일 우리가 그의 죽으심의 모양으로 함께 심겨졌다면 또한 그의 부활하심의 모양과 같이 되리라.

우리가 이것을 아노니 곧 우리 옛 사람이 그와 함께 십자가에 못박힌 것은 죄의 몸을 멸하여 더 이상 우리가 죄에게 종 노릇 하지 않게 하기 위함이니라. 이는 죽은 자가 죄로부터 자유롭게 되었기 때문이라. 이제 우리가 그리스도와 함께 죽었으면 또한 그와 함께 살 줄을 믿으며 그리스도께서 죽은 자들로부터 일으켜지셔서 다시는 죽지 아니하시고 사망이 더 이상 그를 주관하지 못하는 줄 우리가 아노라. 그가 죽으심은 죄에게 단번에 죽으심이요, 그가 사심은 하나님께 사심이라. 이와 같이 너희도 너희 자신을 죄에게는 죽은 자요, 예수 그리스도 우리 주로 말미암아 하나님께는 산 자로 여기라.

바울이 어떻게 이 구절을 우리가 처음에 본 빌립보서 2:5에 비추어 기록했는지 평가해 볼 때, 예수님이 스스로를 하늘의 임무(인류의 속량)와 동일시하고 그것을 위해 구비되었을 때 하셨던 일의 중요성을 이해할 수 있다.

바울은 로마서 6:1-10에서 우리가 그리스도 안에서 무엇이 되었는지 그리고 이 변화가 어떻게 일어났는지를 설명하고 있다. 우리는 이것을 속량의 법적 측면이라고 부른다.

예수님은 이미 전 인류를 속량하셨다. 예수님의 죽음과 장사됨과 부활은 사실 *우리의* 죽음과 장사됨과 부활이었다. 예수님이 하셨던 일은 우리를 위해서였다. 우리가 완성된 이 일을 받아들일 때, 그 실재가 우리의 것이 되고 우리는 그 혜택을 누리기 시작한다.

당신이 알든지 모르든지, 당신은 거듭난 순간 죄로부터 자유케 되었다.

베드로후서 1:3은 생명과 경건에 속한 모든 것이 너희 것이라고 말한다. 당신이 일상에서 그런 혜택을 경험하거나 그렇지 못한다 해서 이 말씀이 전혀 사실이 아니라고 할 수 없다.

이제 로마서 6:11을 보자. 바울은 우리 자신을 실제로 죄에 대하여는 죽었고 하나님에 대하여는 살아 있다고 여기라고 말한다. "그것은 바울이 나머지 뒷부분 10절에서 우리에게 말하는 것이 아닌가요?"라고 말할 수 있다. 그렇다. 그것이 맞다. 그러나, 이제 바울은 자유로운 것이 어떤 것인지 *경험하라고* 권고한다. 그리고 그 자유를 경험하는 첫 단계는 당신이 자신을 무엇이라고 여기는지에서 시작된다.

핵심어 "여기다"를 보라. *너희의 구원을 이루려면, 너희 자신을 하나님이 누구라고 말씀하신 자로 여겨야만 한다.* 그런데 왜 당신은 먼저 무엇을 고려할 시간을 갖는가? 당신이 고려하는 것이 사실로 보이는 것과 다를지도 모르기 때문에 그렇게 한다.

하나님은 여호수아에게 하나님의 뜻을 효과적으로 수행하기 위해 하나님의 말씀을 밤낮으로 묵상하라고 말씀하셨다(수 1:8). 그러나 예수님은 어떠했나? 당신은 예수님이 시간을 들여 자신이 누구인지 고려했다고 생각하는가? 물론이다. 예수님은 이 땅에 계시는 동안 인간으로서 행하셨다는 것을 기억하라. 예수님은 인간의 마음을 가지고 인간의 몸에 사셨다. 그러므로 예수님은 하나님의 영으로 기름부음 받은 인간으로서 사용할 수 있는 최고의 능력으로 기능하기 위해 자신이 실제로 누구인지 고려할 필요가 있었다.

요한복음 10:30-32은 예수님이 그분을 위한 하나님의 목적에 따라 자신을 인지하고 그렇게 여기셨기 때문에, 자신이 누구신지에 대해 확고하셨다는 것을 보여준다.

나와 내 아버지는 하나니라."고 하시니 그때 유대인들이 주를 돌로 치려고 다시 돌을 들더라. 예수께서 그들에게 대답하시기를 "나는 내 아버지께로부터 받은 많은 선한 일을 너희에게 보여 주었는데 그 중 어떤 일로 너희가 나를 돌로 치려 하느냐?"고 하시니.

예수님은 행하시는 일로 자신이 누구인지 입증하신다는 것을 다시 주목하라.

어느 날 내가 이것에 대해 생각했을 때, 이 구절의 방향을 바꾸면 흥미롭겠다는 생각이 들었다. 그렇다. 예수님은 그분이 누구신지 진짜 증명하기 위해 사역을 시작하셨다. 그러나 또한 예수님은 먼저 스스로를 하나님과 같은 자로 여기셨기 때문에 그런 일을 행하실 수 있지 않았을까?

이것은 일리가 있다. 예수님은 하나님이시지만, 이 땅에 그 진리를 표현하고 나타내려면 먼저 그렇다고 여기셔야만 했다. 예수님은 땅의 존재를 통해 자신이 누구신지에 대한 신성한 보물을 드러내고 계셨다.

따라서, 예수님의 사역에 있어 필연적이라 여기는 하나님의 능력의 나타남은, 사실 그분이 고려한 것에서 나온 부산물이었다. 예수님은 능력으로 가득한 분이셨지만, 그분이 능력이 역사할 것을 아셨기 때문에 능력이 역사하였다. 잠언 23:7은 말한다. **이는 그가 마음에 생각하는 대로 그도 그러한즉.**

예수님은 예수님이기 때문에 이 땅에서 행하셨던 모든 일을 했다고 결론 내리기는 쉽다. 그러나 예수님이 믿음으로 행할 수 있도록 기름부음을 풀어놓는데 마음을 사용하셨다면, 우리도 반드시 그렇게 해야 한다.

통치권을 행사하라는 인간의 부르심

예수님의 사역을 고려해 볼 때, 예수님이 아셨던 것에서 실제적인 사역의 진전이 있다는 것을 알 수 있다. 고린도전서 15:45은 예수님은 둘째 아담이셨다고 말한다. 둘째 아담의 주된 목적 중 하나는 *첫째* 아담의 일을 이행하고 바로잡는 것이었던 것 같다. 로마서 5:18은 "그러므로 한 사람의 범죄로 말미암아 심판이 모든 사람에게 임하여 정죄에 이른 것같이 한 사람의 의로 말미암아 값없는 선물이 모든 사람에게 임하여 생명의 의롭다 하심에 이르렀느니라"라고 언급한다.

첫째 아담의 책임 중 일부는 하나님이 인간을 위해 만드신 땅에 통치권을 행사하는 것이었다.

> 하나님께서 말씀하시기를 "우리의 형상대로 우리의 모습을 따라 사람을 만들자. 그리하여 그들로 바다의 고기와 공중의 새와 가축과 모든 땅과 땅 위를 기어다니는 모든 기는 것을 다스리게 하자." 하시니라
>
> 창세기 1:26

하나님이 인간을 창조하시고 바로 뒤에 인간에게 통치권을 주셨다. 아담은 하나님이 창조하신 모든 것을 다스리게 되어 있었는데, 이 땅에서 호흡하는 모든 것을 포함하였다. 아담은 짐승과 그 외 모든 것에 대한 최초의 왕이었다. 그러나 인간이 사탄에게 복종했을 때 이 모든 권세를 상실하게 되었다.

예수님이 지상을 거니실 때를 지켜보면 통치권을 행사하시는 것을 볼 수 있는데 마치 잃어버린 기술인 것 같다.

주께서는 광야에서 사십 일을 계시면서 사탄에게 시험을 받으셨고, 또 들짐승들과 함께 계시니, 천사들이 주를 섬기더라.　　마가복음 1:13

예수님이 처음으로 행사하신 영향력의 영역은 들짐승들이었다. (흥미롭게도, 마가는 이 사건을 언급한 유일한 사복음서 저자였고 다른 이들은 기록하지 않았다.) 예수님이 강아지와 고양이를 데리고 들판에 나가 계셨다고 말하지 않는 것을 주목하라. 예수님은 굶주린 야생동물들과 광야에 계셨다. 그럼에도 짐승들이 예수님을 잡아먹지 않았던 것은 명백히 예수님이 그들에 대한 통치권과 권세를 가지셨기 때문이다.

예수님이 누구셨는지 보여주는 다음 기회가 그 광야에서 예수님이 마귀의 유혹을 이기셨을 때 왔다. 하나님은 인간이 결코 싸움에서 지지 않도록 하셨다. 예수님은 우리에게 어떻게 그것이 가능한지 보여주셨는데, 이는 예수님이 "말씀이 육신이 된" 분이셨기 때문이었다.

> 그 말씀이 육신이 되어 우리 가운데 거하시므로 (우리가 그의 영광을 보니, 아버지의 독생자의 영광으로) 은혜와 진리가 충만하더라.　요한복음 1:14

사복음서를 읽을 때, 예수님의 발전된 인식이 놀랍게 진전되는 것을 주목하라. "신유에 대한 진리"라는 제목의 소책자에서 존 G. 레이크는 이렇게 기록하였다.

초기에 인간을 위한 그리고 인간 안에 있는 하나님의 생명을 드러내실 때, 예수님은 맨 처음 입증하는 영역으로 자연의 순서를 선택하셨다. (1) 예수님은 물을 포도주로 바꾸셨다. (2) 예수님은 파도를 잠잠케 하셨다. (3) 예수님은 물 위를 걸으셨다. 이러한 자연에 대한 능력의 나타남은 다음 단계로 나아갈수록 이전 단계를 능가하였다.

그런 다음 예수님은 하나님의 창조적인 생명에 의지하여 제자들을 놀라게 하셨다. 예수님은 창조적인 능력을 행하셔서 물고기와 떡을 만들어 내어 5천 명의 군중들을 먹이셨다.

이것은 치유와 기적의 차이를 보여준다. 기적은 창조적이다. 치유는 이미 있던 것을 회복시키는 것이다.

이제 예수님은 질병의 순서인 새로운 영역으로 전진하신다. 여기서 예수님은 다른 사람의 마음을 대면하셨는데, 그들의 마음은 그분의 마음과 일치되어야 한다. (1) 예수님은 베드로의 장모를 치유하신다. 이것은 1단계 치유이다. (2) 예수님은 장님을 만나서 치유하신다. 이것은 2단계 치유이다. (3) 나병환자가 치유된다. 이것은 3단계 치유이다.

다시 예수님은 창조적인 영역으로 들어가셔서 태어날 때부터 장님인 사람의 눈을 창조하신다. 날 때부터 장님이었다는 것은 눈이 완성된 상태가 아니라는 증거이다. 창조의 과정은 완전하지 않았다. 예수님은 몸을 굽히시고 길에서 흙을 집어서 침을 뱉어 그 사람의 눈에 발랐다. 그렇게 하시면서 창조의 일을 완성하셨고 그 사람은 보게 되었다.

예수님은 다시 전진하신다. 이번에는 예수님이 죽음의 순서를 선택하신다. (1) 예수님은 몇 분 전에 죽은 야이로의 딸을 살리셨다. 이것은 1단계이다. (2) 예수님은 나인 성에서 나오는 장례행렬을 맞으신다. 예수님은 청년에게 살아나라고 명령하시고 "그는 일어나 앉았다." 이 사람은 죽은 지 한참이 지났다. 이것은 2단계이다. (3) 예수님은 친구 나사로를 나오라고 명령하셨다. 죽은 지 나흘 된 나사로가 살아났다. 이것은 3단계이다.

이제 예수님은 다시 창조적인 영역으로 들어가시고 그분의 임박한 죽음을 알리신다. 예수님은 생명을 선포하신다. "나에게는 생명을 내어놓을 권세도 있고 또 그것을 다시 얻을 권세도 있노라."

하나님께 계속해서 내어놓는 과정을 통해 우리는 예수님의 영혼의 발걸음을 발견한다. 충분한 지침으로서의 하나님의 말씀에 의지하여 모든 발걸음을 내딛으셨다.[2]

다음 몇 장은 믿는 자들로서 어떻게 우리가 이 이해를 적용할 수 있는지를 검토할 것이다. 검토할 때 요한복음을 중심으로 볼 것이다.

---

2) 존 G. 레이크, *생애 가르침 전집*(털사, 오클라호마: Albury Publishing, 1999)

지금까지 상당한 기간 동안, 주님은 나에게 요한복음에 관심을 갖게 하셨다. 나는 예수님이 말씀하셨던 부분 전부를 그 당시에 예수님이 알고 계셨던 것에 비추어 분석하고 있는 나를 발견한다. 왜 예수님이 이 말씀을 하셨을까? 예수님이 그렇게 확신하셨던 것은 무엇을 알았기 때문이었을까?

서신서를 공부하면서 우리가 이 질문에 대한 답을 발견하는 것이 얼마나 중요한지를 점점 더 깨닫게 되었다. 바울 서신서에서 가장 강조된 단어 중 하나는 "알다know"이다. 바울은 교회가 지식을 갖는 것에 극히 관심을 가졌다. 그는 어떤 믿는 자들의 믿음을 재확신시키기 위해 위험한 무리 가운데서 목숨을 걸었다. 심지어 바울은 다른 무리 사람들의 믿음을 점검하기 위해 부사역자들을 보냈다.

아마도 사도 바울은 믿는 자들에게 그리스도인으로서의 역할을 지속적으로 상기시켜주지 않으면 그들이 결과를 내지 못할 것을 알았기 때문에, 계속해서 중요한 정보를 제공하는데 아주 관심이 있었던 것 같다.

그렇다면 예수님처럼 생각하는 것을 배우는 우리의 목표는 얼마나 중요할까? 예수님이 아셨던 것을 이해할 수 있다면, 예수님이 하신 사역을 똑같이 행하는 것도 상상할 수 있지 않을까?

05

당신 안에 있는 하나님의 영광을 보라

너희 안에 이 생각을 품으라. 곧 그리스도 예수 안에도 있는 생각이라.

빌립보서 2:5

    예수님의 사고과정을 탐구하는 우리의 여정은 하나님 영역의 비밀들을 드러내고 나타낼 뿐 아니라, 우리 자신의 종교적인 기질을 검토하도록 자극할 것이다.

    종교와 전통은 진리의 발견을 숨기고 피하게 하는 방법이 있다. 그러나 바울은 이 세상의 신이 사람들의 마음을 가림에도 불구하고 그들 위에 빛나는 복음의 영광스러운 빛이 진리를 드러낼 것이라고 말했다(고후 4:4).

영생의 빛

요한복음 1:1-5은 어둠을 쫓아내는 빛과 진리는 그 근원이 예수님 안에 있다는 것을 보여준다.

태초에 말씀이 계셨고, 그 말씀이 하나님과 함께 계셨으니 그 말씀은 하나님이셨느니라. 그 말씀이 태초에 하나님과 함께 계셨느니라. 만물은 그에 의하여 지은 바 되었으며, 이미 지음받은 것 가운데 그가 없이 지어진 것은 아무것도 없더라. 그분 안에 생명이 있었으니 그 생명은 사람들의 빛이라. 그 빛이 어두움 속에 비치어도 어두움은 그것을 깨닫지 못하더라.

하나님과 같이 생각한다는 것은, 성경적 믿음이 그것을 취한 사람에게 나타날 때까지 그 믿음을 적용하는 것이다.

요한복음 1:1에 따르면, 말씀이 하나님과 **함께 존재**하시며 또한 하나님과 **함께 계신다**고 한다. 그러나 가장 중요한 것은 말씀이 하나님 *이시라*는 것이다.

성경을 가지고 다니지만, 말씀이 당신의 일부라는 것을 믿는가? 당신은 말씀과 하나인가? 당신이 말씀에 대해 확신하지 못한다면, 그 말씀은 당신 삶 속에 세워지지 않을 것이고 삶을 통해 나타나지 않을 것이다.

이미 우리는 둘이 하나가 된다는 맥락에서 주님과 우리의 관계를 생각하라고 도전을 받고 있다. 우리는 더 이상 그리스도 안에서 우리의 위치를 주님과는 다소 다른 것으로 생각할 수 없을 것이다. 이제부터 우리는 반드시 그리스도와의 연합을 분리할 수 없는 것으로 받아들여야 한다.

영생인 예수님의 생명이 *우리의* 생명에 흘러들어왔고 이제 영생의 빛이 우리 안에 살며 빛나고 있다. 이 생명과 빛이 이 땅에서 우리의 남은 시간 동안 우리의 영적인 면역체계가 된다. 바울이 말한 대로, **이전 것은 지나갔으니, 보라, 새 것이 되었도다.**(고후 5:17) 아주 집요하게 우리의 생명을 지배하려는 사탄의 어둠의 활동조차도 이제 우리가 그리스도께 속했기 때문에 우리 안에 새로 얻은 영생을 이길 수 없다.

새로운 본성에 굴복하기

다음 몇 장에서 언급할 것은 대다수가 묵상을 위한 말이다. 믿음의 말들을 큰 소리로 선포하고, 그것에 대해 주님을 찬양하며, 하루종일 묵상하면서 다른 방언을 말함으로써 더욱 실재가 될 수 있다.

예를 들면, 하나님의 말씀인 예수님에 관해 계속 말하는 요한복음 1:12-14을 생각해 보라.

그러나 누구든지 그를 영접한 사람들에게는 하나님의 아들들이 되는 권세를 주셨으니, 즉 그의 이름을 믿는 사람들에게니라. 그들은 혈로나 육신의 뜻으로나 또한 사람의 뜻으로 나지 아니하였고 하나님에게서 난 사람들이라. 그 말씀이 육신이 되어 우리 가운데 거하시므로, (우리가 그의 영광을 보니, 아버지의 독생자의 영광으로) 은혜와 진리가 충만하더라.

한 개인이 예수님을 영접할 때, 하나님은 그 사람에게 어떤 사람이 될 수 있는 능력을 주신다. 존 G. 레이크가 말했듯이, "존재는 항상 행위에 앞선다." 하나님은 당신에게 전에는 아니었던 어떤 사람이 되는 능력을 주셨다. 그러므로 전에는 할 수 없던 것을 할 수 있다. 사실, 바울은 당신에게 능력 주시는 그리스도를 통하여 당신이 모든 것을 할 수 있다고 말했다!(빌 4:13)

거듭난 사람이 그의 새로운 본성에 굴복하는 것이 절실히 필요한 것을 볼 수 있는가?

요한복음 1:13에서, 우리는 더 이상 육신의 뜻이나 인간의 뜻에 따라 혈통에서 난 사람의 본성과 연관이 없다는 것을 볼 수 있다. 사실, 우리 자신을 단지 자연인으로 생각하는 것은 거듭난 후에 우리가 할 수 있는 가장 나쁜 일인 것 같다. 우리는 우리 자신을 하나님께로부터 난 자라고 생각해야 한다.

물론, 우리는 *인간이지만* 이제는 부분적으로만 그렇다. 무엇보다도 먼저 우리는 인간 영의 재창조를 반드시 고려해야만 한다. 우리는 더 이상 죄의 본성을 지닌 존재가 아니다. 우리는 수반되는 모든 잠재력을 지닌 하나님의 신성한 본성을 받은 자들이 되었다. 마치 그 본성만으로 충분하지 않은 것처럼, 하나님은 우리를 사랑하시며 우리가 이 세상에 하나님의 조직화된 계획을 성취하는 것을 도우시면서, 성령의 인격체를 통해 우리 안에 그분의 거처를 삼기로 선택하셨다.

하나님의 진짜 아들들이 앞으로 나서 줄 수 있을까? 이것은 길을 잃은 세상의 무의식에서 나오는 마음의 부르짖음이다. 사람들은 예수님이

이 땅에서 행했던 것처럼 예수님을 온전히 나타내는 교회를 몹시 보고 싶어 하기 때문이다. *그러나 그들은 앞으로 나설 것이다.* 교회라 불리는 영적 거인은 합법적인 위치를 차지하고 예수님이 재림하시기 전 마지막 때에 신성한 목적을 달성하기 위해 이제 깨어나고 있다.

14절에서, 요한은 계속해서 교회의 운명을 드러낸다. 말씀이 육신이 되어 우리 가운데 거하는 것처럼, 말씀이 교회의 형태로 육신이 되었다. 그리스도의 몸은 하나님이 세상을 위한 계획과 목적을 이루기 위해 이 땅에 살기로 선택하신 육신과 혈통으로 된 성전이다. 그러므로 우리는 "하나님은 *여전히* 우리 가운데 거하신다!"고 힘주어 말할 수 있다. 갈라디아서 2:20(*Distilled* 번역)에서 바울이 말한 대로, **나는 죽었고 이제는 나의 두 번째 존재를 누리고 있는데, 그것은 단순히 예수님께서 나의 몸을 사용하시는 삶이다.**[3]

우리 삶에 있는 그분의 영광을 보기

요한은 계속 말한다. **우리가 그의 영광을 보니 아버지의 독생자의 영광이요 은혜와 진리가 충만하더라**(14절). 이 말씀을 보면 교회가 종교와 전통의 상자에서 나와야 한다는 것을 알 수 있다. 결국에 하나님은 종교와 전통의 상자 안에 계시지 않으셨다!

---

3) *The Distilled Bible/신약* (조지아, 스톤 마운틴: Paul Benjamin Co., 1980)

이 마지막 때에 나타나게 될 모든 영광에 대해 하나님께 감사한다. 그러나, 왜 기다리는가? 말씀이 육신이 되어 우리와 함께 거하실 때, 하나님의 영광을 보게 될 가능성은 *이제* 우리에게 열려 있다.

기억하라. 하나님이 당신 안에 들어오실 때 당신은 그분의 움직임이 되었고, 당신이 움직일 때 하나님도 움직이신다.

이 구절에서 요한이 *우리가* 은혜와 진리로 충만하다고 말한 것을 주목하라. 은혜는 우리가 스스로 할 수 없는 것을 우리를 위해 하시는 하나님의 능력이다.

진리는 말 그대로 실재이다. 그러므로 패키지는 완성되었다. 하나님이 우리 육체의 존재에 살고 계신다. 그 결과, 하나님의 영광이 인간의 모습으로 보인다. 이것은 하나님의 능력이나 은혜, 그리고 실재에 대한 하늘의 정의 때문에 가능한 것이다. 우리는 이 땅에서 그리스도를 나타내야 한다는 것을 알 수 있다. 우리가 이렇게 *생각*한다면 이렇게 행동할 수 있다.

우리는 세상에 예수님을 소개해야 한다

우리가 계속 예수님의 삶과 사역의 관점에서 우리 자신을 보고 있으므로, 요한은 요한복음 1:18에서 또 다른 퍼즐 조각을 제시해 준다.

아무도 어느 때나 하나님을 본 사람이 없지만 아버지의 품 안에 계신 독생자, 그가 하나님을 분명히 밝히셨느니라.

"밝히셨느니라declared"의 한 가지 의미는 *분명하게 하다*[4]이다. 예수님의 일은 세상에 아버지를 분명하게 하는 것이었다. 이것은 우리도 역시 예수님을 세상에 분명하게 해야 하는 책임이 있다는 의미이다.

요한복음 14:7-12에서 예수님은 이 문제에 관하여 제자들과 토론하셨다.

> 만일 너희가 나를 알았더라면 내 아버지도 알았으리라. 이제는 너희가 그분을 알고 또 보았느니라."고 하시니 빌립이 주께 말씀드리기를 "주여 아버지를 우리에게 보여 주소서. 그러면 만족하겠나이다."라고 하니라. 예수께서 그에게 말씀하시기를 "빌립아, 내가 너희와 그처럼 오래 시간을 있었는데 네가 나를 모르겠느냐? 나를 본 자는 아버지를 보았느니라. 그런데 어찌하여 '아버지를 보여 주소서.' 라고 말하느냐? 너는 내가 아버지 안에 있고 또 아버지께서 내 안에 계시는 것을 믿지 아니하느냐? 내가 너희에게 하는 말들은 내 스스로 하는 것이 아니라 내 안에 거하시는 아버지께서 그 일들을 하시는 것이라. 내가 아버지 안에 있고 또 아버지께서 내 안에 계시는 것을 믿으라. 그리하지 못하겠거든 행한 그 일들을 보고 나를 믿으라. 진실로 진실로 내가 너희에게 말하노니, 나를 믿는 자는 내가 하는 일들을 할 것이요 또 이보다 더 큰 일들을 할 것이라. 이는 내가 내 아버지께로 가기 때문이다.

---

[4] 웹스터의 신입생 사전, 교사 주석본(매사추세츠, 스프링필드: G & C Merriam Co., 1969), p. 215.

예수님을 믿는 우리가 예수님이 하셨던 일을 할 것이라고 주님이 12절에서 말씀하셨던 구체적인 이유가 있다. 예수님은 앞 구절에서 그분이 하신 방식을 따라야 할 필요성에 우리가 집중하기 원하셨다. 예수님이 그분의 메시지에 타당성을 부여하기 위해 행한 일을 사용하셨듯이, 우리도 역시 예수님이 살아 계시다는 것을 세상에 확신시키기 위해 반드시 결과를 낳아야만 하는 것이다.

우리는 "당신이 나를 보았다면 예수님을 본 것이다."라고 기꺼이 말할 수 있는가? 이 정도로 우리는 다른 사람들이 우리를 하나님의 말씀의 진리에 견주어 볼 수 있게 해야만 한다. 그렇게 하는 것이 우리가 모든 일에 그리스도의 형상과 일치하도록 한다.

교회에 주는 바울의 계시는 듣는 이들이 그리스도의 형상과 일치하도록 계속적으로 도전하였다. 우리는 결코 "정신력"을 통해서 일치할 수 없다. 그러므로 바라는 결과를 만들어 내는 가시적인 방법의 다른 무언가가 있어야 한다. 하나님께 감사하게도 살아 계신 그리스도가 성령님의 인격체를 통해 우리 마음 안에 거하시고 계신다.

이제 우리는 주님의 살과 주님의 뼈로서 주님과 하나가 되어야만 한다. 하와가 아담과 같은 자연 물질로 만들어졌던 것처럼, 우리는 예수님과 같은 영적인 물질로 만들어졌다. 우리가 이 진리를 이해하고 그렇게 여긴다면, 우리 *안에* 있는 영생이 우리를 통해 *나타나기* 시작할 것이다.

어떻게 이보다 더 나을 수가 있을까? 우리를 위한 하나님의 공급은 아주 풍부하고 풍성하며, 우리의 이해를 초월한다. 그러한 신성한 공급 때문에, 우리는 하나님이 이 땅에서 우리를 통해 표현하시도록 내어드리는 특권을 가진다. 우리가 가르침과 복음전파와 치유와 같은 예수님의 사역을 하기 위해 하나님이 우리에게 제공하신 것을 활용할 때, 우리는 세상이 예수님이 살아 계시다는 것을 알게 하는 하나님의 기준을 충족시키는 것이다.

초자연적인 것에 대한 예수님의 최고의 확신

몇 가지 전통적인 생각들을 추가하고자 한다. 그것은 요한복음 1장 50절과 51절에서 볼 수 있고 나다나엘에 대한 예수님의 반응과 관련된 것이다. 나다나엘은 단지 예수님이 그를 만나기 전 무화과나무 아래에 있을 때 보았다고 말씀하신 것으로 예수님을 이스라엘의 왕이라고 선언하였다.

예수께서 대답하여, 그에게 말씀하시기를 "내가 너를 무화과나무 아래에서 보았다고 하니 네가 믿느냐? 네가 이보다 더 큰 일들을 보리라."고 하시고 또 그에게 말씀하시기를 "진실로 진실로 내가 너희에게 말하노니, 너희가 이 후로는 하늘이 열리고 하나님의 천사들이 인자 위에 오르내리는 것을 보리라."고 하시더라.

예수님께는 초자연적인 영역이 얼마나 실재적이었는지 주목하라. 예수님은 하나님 안에 있는 더 위대한 일들에 대해 알고 계셨다. 예수님은 지금까지 목격했던 것은 기적에 대한 전주곡에 지나지 않았다는 것을 확신하셨다. 심지어 예수님은 하늘이 주님을 위해서 열리고 주님이 이루어야만 하는 일을 위해 천사들이 도울 것이라고 말씀하셨다.

우리가 요한복음을 계속 공부할 때, 예수님의 말씀이 점점 더 담대해진다는 것을 알게 될 것이다. 그러나 이미 여기 첫 장에서 예수님은 초자연적인 것에 대한 엄청난 확신을 보이셨다는 것이 명백하다. 이것은 모든 그리스도인들이 차지해야 하는 마음의 상태와 위치이다.

천사들은 당신의 삶을 도우라고 하나님께 임명받는다는 것을 아는가? 당신 위에 하늘이 열려있고, 지금까지 이 세상이 본 것보다 더 위대한 하나님의 능력의 나타남으로 행할 수 있다는 것이 당신의 마음에 분명해지기 시작하는가? 이러한 진리를 이해하고 그에 따라 행동하기 시작할 것인가? 하나님이 당신의 삶에 대단하게 움직이기 시작하실 때, 불신으로 깜짝 놀랄 것인가 아니면 당신의 기대의 열매로 기뻐할 것인가?

우리가 요한복음 2장을 연구하기 시작할 때, 당신은 앞 단락에 있는 도전적인 질문들을 여전히 생각하고 있을지도 모르겠다. 필요하다면 멈추고 성령님께 주의를 기울이면서 이 생각을 묵상하라.

당신의 영과 혼이 하나님의 영에 주의를 기울일 때 성령님은 놀라운 일을 하실 수 있다. 당신이 하나님의 말씀 안에 있는 진리를 생각하거나 묵상하는데 어떤 진리가 당신의 눈길을 끌 때마다 멈추고 그것을 숙고하라.

마음은 아주 변덕스럽다. 당신의 마음을 앞뒤로 쏜살같이 왔다 갔다 하게 두면 집중하지 못하거나 잠잠하지 못할 것이다. 그래서 당신의 호기심을 자극하는 마음의 주의를 사로잡고 진리를 이용하라. 그런 다음 불가능한 일을 할 수 있도록 당신의 상상력을 이용하라.

기적에 접근하기

요한복음 2장은 예수님의 사역에서 기적이 역사적으로 시작된 것을 언급한다. 예수님은 분명히 어머니 마리아가 적극적으로 개입된 가나 혼인 잔치에 참석하셨다.

> 그들에게 포도주가 부족하므로, 예수의 모친이 그에게 말하기를 "그들에게 포도주가 없다."고 하니 예수께서 그녀에게 말씀하시기를 "여인이여, 내가 당신과 무슨 상관이 있나이까? 나의 때가 아직 이르지 아니하였나이다."라고 하시더라. 주의 모친이 종들에게 말하기를 "그가 너희에게 무엇을 말씀하시든지 그대로 행하라."고 하더라.   요한복음 2:3-5

예수님과 어머니가 초대받았던 가나 혼인 잔치에 포도주가 떨어졌을 때 마리아는 즉시 큰 관심을 가지고 반응하였다.

어느 날 나는 왜 마리아가 이 혼인 잔치의 문제에 이렇게 분주했는지 곰곰이 생각하고 있었다. 그녀의 위치에서 보려고 노력하면서 전체 시나리오의 복잡한 가능성을 상상했을 때 무언가를 보기 시작했다.

우선, 내가 잔치를 즐기는 혼인 잔치 손님이었다면 부엌에서 일하는 사람들이 직면한 문제들을 알지 못했을 것이다. 결국 포도주가 떨어졌다는 것을 알게 되겠지만, 내가 합당한 권위를 가지고 있지 않았다면 그 문제에 대해 나는 아무것도 할 수 없었을 것이다.

마리아가 보여주었던 염려를 주목하라. 일하는 사람이나 책임을 지고 있는 사람만이 마리아만큼 염려했을 것이다. 그러므로, 나는 마리아가 틀림없이 혼인 잔치 진행자였다고 믿는다. 그녀는 모든 일을 책임지고 있었고 그녀의 목표는 영광스러운 혼인 잔치가 되도록 돕는 것이었다.

진행자로서 마리아는 저장된 포도주의 현 상태를 알았다. 그래서 포도주가 떨어졌을 때 마리아는 자연적인 영역을 넘어서 초자연적인 해결책을 구했다. 다시 말하자면, 마리아는 아들 예수님께로 가서 예수님이 상황을 주시하게 했다.

예수님은 누가 권위가 있고 누가 없는지 인지하셨다. 그래서 예수님이 **"여인이여 내가 당신과 무슨 상관이 있나이까?"**(4절)라고 대답하셨던 것이다. 마리아가 그 문제에 대해 자신의 권위를 고집하는 한 예수님은 제한을 받는 것이었다.

그러나 마리아가 종들에게 했던 말을 주목하라. **그가 너희에게 무엇을 말씀하시든지 그대로 행하라**(5절). 다른 사람의 종들에게 명령을 내릴 권한을 누가 가지고 있는가? 이 상황에서 마리아가 권위의 자리에 있는 것이 확실한 것 같다.

바통이 건네지자 예수님은 일을 하실 수 있었다. 예수님이 무릎을 꿇고 기도하지도 않았고 기름부음이 임하도록 1시간 동안 가르치지도 않았다는 것은 흥미롭다. 예수님은 그저 종들에게 명령을 내리셨다.

거기에는 유대인의 정결의식에 따라 한 통에 두세 메트레타를 담는 돌로 된 물통이 여섯 개 놓여 있는데 예수께서 그들에게 말씀하시기를 "통을 물로 채우라."고 하시니, 그들이 아구까지 채우더라. 주께서 그들에게 말씀하시기를 "이제 떠다가 잔치를 주관하는 사람에게 가져다 주라."고 하시니 그들이 가져다 주더라. 그 잔치를 주관하는 사람이 포도주가 된 물을 맛보고 그것이 어디서 났는지 알지 못하나 (그 물을 떠 온 종들은 알더라.) 잔치를 주관하는 사람이 신랑을 불러서 그에게 말하기를 "누구나 처음에는 좋은 포도주를 내었다가 사람들이 마신 다음에 덜 좋은 것을 내는데 당신은 지금까지 좋은 포도주를 간직해 두었도다."라고 하더라. 예수께서 기적들 가운데 이 처음 기적을 갈릴리 카나에서 행하시고 자기의 영광을 나타내시니 그의 제자들이 그를 믿더라.   요한복음 2:6-11

예수님은 *지시에 순종함으로 기름부음에 접근할 수 있다는 것을* 알고 계셨다.

문제를 믿음에 대한 새로운 기회로 보라

여기에 주목할만한 아주 중요한 요점이 있다. 즉, *그 문제는 결코 진짜 문제가 아니었다.* 흔히 이것은 삶의 많은 상황에서 그렇다. 그것은 스미스 위글스워스가 "당신이 문제를 보고 있으면 결코 믿음의 기도를 할 수 없다."고 말했을 때 의미한 바이다.

예수님께는 요청한 기적이 어려운 것이 아니었다. 예수님은 사람들의 순종을 성령님과 예수님의 협력에 연결시키는데 초점을 맞추셨다. 일단 지시에 순종하고 예수님의 명령을 실행하자마자 기적이 시작되었다.

장애물을 기적으로 바꾸는 위치로 가도록 돕는 몇 가지 질문을 하고자 한다.

* 얼마나 하나님을 확신하는가?
* 보이지 않는 세계를 믿는가?
* 문제가 당신에게 얼마나 큰가?
* 자연적인 영역에서 할 수 없는 것을 누군가에게 하라고 말하라는 성령의 인도함을 감지한다면 순종할 것인가?

문제에 집중하는 사람에게는 항상 문제가 있다. 그 사람이 상황을 인식하는 방식이 그 어려움이 어떻게 끝날 것인가를 결정한다.

선생님이 칠판에 쓴 문제를 자원해서 풀 사람이 있냐고 물었던 초등학교 시절을 기억해 보라. 그 "문제"는 아무도 정답을 가지고 있지 않을 때만 정말 문제였다.

관점의 중요성을 볼 수 있는가? 당신의 문제를 하나님의 풍성한 능력으로 쉽게 해결할 수 있는 기회로 본다면 건강한 관점을 지닌 것이다. 당신이 어려움에 접근하는 태도가 항상 결과의 성공을 결정할 것이다.

예수님은 간단하게 종들에게 말씀하셨다. "통을 물로 채우라." 나는 종들의 즉각적인 순종은 예수님의 확신있는 태도와 관계가 있었다고 믿는다. 확신은 전염성이 있기 때문이다. 종들이 얼마나 일을 잘했는지 주목하라. 그들은 통을 아구까지 채웠다!

다음에 예수님은 말씀하셨다. "떠다가 잔치의 주관자에게 가져다 주라." 예수님이 기적을 행하지 못하셨다면 종들이 직업을 잃었거나 목숨을 잃었을 수도 있었다. 종들은 예수님이 누구인지 알지 못했지만, 예수님의 확신에 찬 권세는 그들이 잘 아는 주인을 실망시킬지도 모른다는 두려움보다 더 큰 무언가를 그들 안에 불러일으켰다.

구경꾼들은 이렇게 말했을 수도 있다. "저 종들이 엄청난 위험을 감수했군!" 기적의 영역에 대한 비밀이 바로 여기에 있다. 즉, *이 사람에게서 저 사람으로 믿음을 전하는 능력이다.*

예수님은 다른 사람들에게 믿음을 전하는 대가Master이셨다. 예수님은 권위를 의식하셨고, 그저 사람들이 예수님의 임재 안에 있음으로 그분의 믿음과 일치하게 되는 그런 확신을 모든 상황에서 내뿜으셨다.

종들이 예수님의 지시에 순종했을 때, 물통과 잔치 주관자의 컵 사이 어디에선가 물이 변하여 포도주가 되었다.

주님의 발 앞에 앉아서 물을 포도주로 전환시키는 기술을 배우는 것은 얼마나 놀라운 특권인가! 자연 세계에서, 우리는 다른 나라에 가서 돈을 그 나라의 화폐로 바꿀 때 전환을 배운다. 그러나 그와 같은 원리가 영적인 영역에 적용될 때 모든 어려움이 변하여 이기는 승리의 간증이 될 수 있다. 우리가 예수님의 사역에서 배울 때, 우리의 믿음을 기적과 표적과 기사라는 하늘의 화폐로 바꾸는 법을 이해하게 될 것이다.

살아 있는 성전에 대한 하나님의 열성적인 관심

요한복음 2장을 넘어가기 전에 예수님이 하나님의 성전을 보셨던 방식을 볼 필요가 있다.

> 유대인의 유월절이 가까워지니 예수께서는 예루살렘에 올라가시니라. 그런데 성전 안에서 소와 양과 비둘기를 파는 자들과, 환전상들이 앉아 있는 것을 보시고 노끈으로 채찍을 만들어 그들 모두를 양과 소와 함께 성전에서 몰아내고, 또 환전상들의 돈을 쏟고 상들을 뒤엎으시며 비둘기 파는 자들에게 말씀하시기를 "이것들을 여기서 가져가라. 내 아버지의 집을 장사하는 집으로 만들지 말라."고 하시더라. 그때 제자들이 "주의 전을 위한 열성이 나를 삼켰나이다."라고 기록된 것을 기억하더라.
>
> 요한복음 2:13-17

독자로서 당신은 우리 주님의 생각과 말씀과 행동은 우리를 교훈하기 위한 것이라는 것을 계속 이해해야만 한다. 예수님이 고려하셨던 것을 고려하고 예수님이 생각하셨던 대로 생각하고 행동하셨던 대로 행동하면, 예수님이 하셨던 바로 그 일을 하게 될 것이다.

예수님이 하셨던 행동방침은 "주의 전을 위한 열성이 나를 삼켰나이다" 혹은 **"주의 전을 사모하는 열심이 나를 삼키리라"**(17절, NIV)는 말로 이해된다. "삼켰다"는 말은 헬라어 *카테스디오* 혹은 *카타파고*에서 번역되는데 "삼키다, 즉 낭비하다, 허비하다: 물질, 물건 중 하나를 떼어

버리다, (상해로) 파멸하다, 강한 감정으로 인해 몸과 마음의 힘이 소진되는데 사용되다."를 의미한다.[5]

하나님은 그분이 거하시는 장소에 대해 진지하게 여기시는 것이 아주 명백하다. 여기에서 "열성Zeal"은 "마음의 열정적인 흥분, 열심, 열성적인 정신"[6]을 의미한다. 이 구절은 시기하며 논쟁의 여지가 있는 경쟁이나 질투를 강조하고 있다.

야고보서 4:5은 또한 이런 방식으로 하나님에 대해서 말하고 있다. **너희는 성경이 "우리 안에 거하는 영이 시기할 만큼 갈망한다."라고 말씀하는 것이 헛되다고 생각하느냐?** 여기서 "시기할 정도로"라는 말의 의미도 역시 강하다. 그것은 "다른 사람이 가지고 있는 것을 빼앗으려는 갈망"[7]을 뜻한다. 하나님은 허락없이 하나님의 소유지에 들어오는 사람이나 사물을 참지 않을 것이다.

예수님은 아버지의 신성한 표현이셨고 지금도 그러하다. 그러므로 우리는 이 구절에 나타난 하나님의 집에 대한 하나님의 열성을 볼 수

---

[5] 온라인 성경: Thayer의 헬라어 어휘, *Brown, Driver, Briggs*' 히브리 어휘 (캐나다 온타리오, Woodside Bible Fellowship, 창의적인 연구를 위해 기관으로부터 허가를 받음, 1993).

[6] *Biblesoft's New Exhaustive Strong's Numbers and Concordance with Expanded Greek-Hebrew Dictionary*(Biblesoft and International Bible Translators, Inc., 1994), No. 2205.

[7] *W. E. 바인. 바인의 성경 해설사전*(테네시, 내슈빌: Thomas Nelson Publishers, 1985), p. 332.

있다. 오늘날 우리가 하나님의 집이고 살아 계신 하나님의 성전이다. 하나님은 아들의 형상으로 재창조한 자들의 행복well-being에 대해 불타신다. 그것이 고린도전서 3:16, 17에서 바울의 말이 아주 강력했던 이유이다.

> 너희가 하나님의 성전인 것과 하나님의 영께서 너희 안에 거하시는 것을 알지 못하느냐? 만일 누구든지 하나님의 성전을 더럽히면 하나님께서도 그 사람을 멸하시리라. 이는 하나님의 성전은 거룩하며 너희는 그 성전이기 때문이라.

예수님이 거룩한 성전 마당에서 모든 사악한 것을 쫓아내시는 것을 지켜보면서 하나님의 성전을 향한 공의를 보는 것이 위로가 되지 않는가? 성전에서 사고 팔았던 사람들은 우리 삶을 지속적으로 더럽히려는 마귀의 일을 나타낸다. 요한일서 3:8은 예수님이 거룩한 성전에서 돈 바꾸는 자들을 몰아내셨던 것처럼 우리가 주님께 순복할 때 원수의 일을 열심히 몰아내신다는 것을 말해준다.

> 죄를 짓는 자는 마귀에게 속하나니 이는 마귀가 처음부터 죄를 짓기 때문이라. 이 목적으로 하나님의 아들이 나타나셨으니 곧 마귀의 일들을 멸하시려는 것이라.

예수님은 우리의 삶에서 마귀를 몰아내셨다. 예수님의 죽음과 장사됨과 부활을 통해 정사를 멸하고 마귀를 무력화시키셨다. 교회인 우리가 승리하면서 살아갈 수 있도록 예수님은 원수를 우리 발아래 두셨다 (골 2:15).

이러한 생각을 속량의 완성된 사역과 연관시킬 때, 우리는 하나님이 우리를 얼마나 많이 지속적으로 축복하기 원하시는지 볼 수 있다. 그래서 예수님이 우리를 위해서 완성하셨던 속량 사역에 대해 많은 것을 말할 수 있다. 그러나 속량은 이 책의 제목처럼 *내가 올 때까지* 여전히 시행되어야만 한다.

예수님은 우리가 온갖 반대에도 불구하고 주님의 교회로서 우리의 자리를 차지하기를 바라신다. 우리는 이미 그리스도를 통해 이 싸움에서 법적으로 승리하였다. 우리는 단지 예수님의 승리를 시행하기만 하면 된다.

당신은 예수님이 "성전을 깨끗하게" 하기 위해 경험하셨던 동일한 갈망을 느끼고 있는가? 물론, 이것은 당신이 먼저 자신의 성전을 깨끗하게 해야만 한다는 것을 의미한다. 그때에야 비로소 당신은 더럽히려고 하는 사악함을 몰아낼 수 있을 것이고 다른 성전을 깨끗게 하는 것을 도울 수 있을 것이다.

위대한 일은 반드시 이루어져야 한다. 그러나 하나님께 감사하게도 전투는 이미 승리했다!

06
하늘의 생각들

요한복음 3장은 하늘의 것과 땅의 것을 구별하는 신비를 보여주는 놀라운 부분이다. 이 말씀은 예수님을 의식하는 것을 결코 당연시해서는 안 된다고 지속적으로 상기시켜준다. 예수님의 생각은 반드시 교회의 확고한 사고방식이 되어야만 한다.

니코데모라 하는 바리새인 한 사람이 있었으니 유대인의 관원이라. 그가 밤에 예수께 와서 말씀드리기를 "랍비여, 우리는 당신이 하나님께로부터 오신 선생이신 줄을 아나이다. 이는 하나님께서 함께하지 아니하시면 아무도 당신이 행하시는 이런 기적들을 행할 수 없기 때문이니이다."라고 하더라. 예수께서 대답하여 그에게 말씀하시기를 "진실로 진실로 내가 너에게 말하노니, 사람이 거듭나지 아니하면 하나님의 나라를 볼 수 없느니라."고 하시더라. 니코데모가 주께 말씀드리기를 "사람이 늙으면 어떻게 태어날 수 있나이까? 사람이 자기 어머니의 태에 두 번째 들어갔다가 태어날 수 있나이까?"라고 하니 예수께서 대답하시기를 "진실로 진실로 내가 너에게 말하노니, 사람이 물과 성령으로 태어나지 아니하면 하나님의 나라에 들어갈 수 없느니라. 육신으로 난 것은 육이요, 또 성령으로 난 것은 영이니라. 내가 너에게 '너희는 거듭나야만 한다.'고 말한 것을 이상히 여기지 말라. 바람이 임의로 불어서 네가 그 소리를 들어도 어디서 와서 어디로 가는지 알지 못하듯이 성령으로 난 사람은 모두 그와 같으니라."고 하시더라.

요한복음 3:1-8

3장 시작에서 니고데모라 불리는 회당 종교 지도자와 대화하는 예수님을 본다. 예수님이 대화를 시작하시는 방식을 보면 이 사람과 교제하는 시간을 고대하고 있었던 것을 알 수 있다. 니고데모는 성경을 공부한 사람이었고 예수님은 그의 신학적 이해력이 가장 크다고 여기셨던 것 같다.

예수님이 보시는 바와 같이 보는 것

예수님은 니고데모에게 "너는 반드시 거듭나야 한다."는 말씀으로 시작하셨다. 감각에 지배를 받는 사람들은 영적인 실재를 이해할 수 없다.
니고데모는 예수님의 말씀의 영역을 이해하는 대신 합리화를 통해 친숙한 근거로 돌아갔다. 그는 추론하였다. *물론, 사람은 다시 태어날 수 없습니다. 그것은 가당찮은 일입니다!*

따라서 예수님은 니고데모가 먼저 자신의 영적인 이해 수준을 밝히게 하셨다. 그런 다음 선생 중의 선생인 예수님은 새로운 탄생의 영적인 중요성을 이해하도록 니고데모를 도우려고 간단명료한 진술을 연달아 시작하셨다.

오늘날 교회는 어떤 면에서 여전히 니고데모와 같다. 거듭나야 한다는 것을 받아들이지만, 그 기적적인 경험을 통해 우리가 얻을 수 있는 모든 충만함을 수용하는 것에는 미치지 못했다.

오, 예수님이 보시는 바와 같이 보는 것!

고린도인들에게 보낸 편지에서 바울은 기록하였다. **"하나님께서 자기를 사랑하는 자들을 위하여 예비하신 것들은 눈으로 보지도 못하였고 귀로 듣지도 못하였으며 인간의 마음속에 들어온 적도 없었느니라."**(고전 2:9) 바울은 유사한 생각을 에베소서 3:20, 21에도 기록하였다.

이제 우리 안에서 역사하시는 능력을 따라 우리가 구하는 것이나 생각하는 모든 것보다 훨씬 풍성하게 행하실 수 있는 그분께, 그리스도 예수를 통하여 교회 안에서 그분께 영광이 모든 시대들, 곧 끝없는 세상에 걸쳐 있을지어다. 아멘.

큰 그림이 굉장하다. 그것을 이해하는 것은 성령님을 아는 것이다. 성령님의 도움에 대해 하나님께 감사한다!

요한복음 3:10에서 예수님은 니고데모에게 의문을 제기하셨다.

너는 이스라엘의 선생이면서 이런 일들도 모르느냐? 이스라엘의 풍부한 유산을 볼 때 성경을 날마다 연구했던 사람은 진리를 보면 적어도 인지할 것이라 생각된다. 예수님은 또한 요한복음 5:39에서 같은 식으로 다른 종교 지도자들에게 말씀하셨다. **성경을 상고하라. 이는 너희가 성경에 영생이 있다고 생각함이니, 그 성경은 나에 관하여 증거하고 있음이라.**

물론, 예수님 시대의 종교 지도자들은 옛 언약 아래에 있었기 때문에 그들과 오늘날 그리스도의 몸의 지체들 사이에 완전한 유사점을 끌어낼 방법이 없다. 그러나 다음과 같은 질문을 하는 것은 여전히 유익할 것이다.

* 우리가 신약을 연구하고 상고할 때조차 계속적으로 많은 것을 놓칠 수 있을까?
* 우리가 말을 할 때, 하나님의 온전하신 권고에 비추어 진리라고 믿는 것을 말하는 것일까 아니면 교단의 전통이 장려하는 것에 비추어 말하는 것일까?
* 바로 우리 앞에 있는 어떤 영적인 진리를 아직 파악하지 못하고 있는 것일까? 니고데모와 같이 우리도 이러한 진리들의 중요성을 이해하지 못하고 있을까?

아는 것을 말하다

예수님이 11절과 12절에서 니고데모에게 말씀하실 때 영적인 진리로 더 깊이 들어가셨다.

진실로 진실로 내가 너에게 말하노니 우리는 아는 것을 말하고 또 본 것을 증거하노라. 그래도 너희는 우리의 증거를 받아들이지 아니하는도다. 내가 땅의 일들을 말하여도 너희가 믿지 아니하는데 하물며 하늘의 일들을 말한다면 어떻게 믿겠느냐?

예수님은 말씀하실 때 아는 것을 말하고 본 것을 증언한다고 니고데모에게 알리시면서 여기에서 사역을 위한 선례를 세우셨다.

말씀에 대한 *정보*와 말씀의 *영감* 사이에는 엄청난 차이가 있으므로 우리가 다른 사람들에게 말하는 방식은 아주 중요하다. 우리는 하나님을 위해 효과적이 되도록 두 가지 모두 필요하다.

우리는 반드시 무엇은 믿고 무엇은 믿지 말아야 하는지, 어떻게 생각해야 하고 어떻게 생각하면 안 되는지, 무엇은 할 수 있고 무엇은 할 수 없는지를 알아야 한다. 그러나 이러한 모든 것은 영감에 젖어야 한다. 정보 뒤에 있는 영이 우리가 들은 것으로 무엇을 하도록 동기부여 하는 것이다.

최근에 아픈 자들에게 사역하는 것에 관해 한 친구와 이야기하고 있을 때, 주님이 내 마음에 주님의 진리의 한 토막을 보여주셨다. 여러 가지 말들 가운데, 나는 그 친구가 이 사람에게 말씀을 사역할 때 특별한 방식으로 해야 한다고 언급하였다. 내 마음에서 이런 말이 나왔다. "당신이 그 사람에게 말씀을 읽어줄 때 전통을 따라 믿게 하면 안 된다. 성경을 그 사람의 종교적인 사고방식에 따라 믿게 하지 말고, 성경이 무엇을 말하고 있는지 당신이 믿는 대로 그도 믿게 만들어라."

많은 경우 사람들은 하나님의 말씀을 종교와 인간의 전통이라는 왜곡된 필터를 통해 듣고 믿기 때문에 하나님으로부터 필요한 것을 받지 못한다.

우리가 진리를 알거나 그 진리의 타당성을 증거할 수 있을 때, 사람들이 우리를 믿을 수 있는 설득력을 지닌다.

> 사람들이 주의 교리에 놀라니, 이는 주께서 가르치시는 것이 권위 있는 분 같고 서기관들과 같지 아니하기 때문이더라. 마가복음 1:22

예수님도 서기관들도 가르쳤다는 것을 주목하라. 예수님이 가르쳤던 방식은 달랐다. 예수님은 그분이 하셨던 말씀을 가지고 계신 분이었고 그 말씀은 예수님께 실재였다. 예수님의 말씀의 결과는 절대적으로 확실하였다. 반대로, 서기관들은 가르쳤지만 그들이 말하고 있는 것을 뒷받침해 줄 증거가 없었다. 그들의 말은 공허했다.

한 유명한 사역자가 질문을 받았다. "왜 당신이 설교하는 내용을 설교하는 사람들이 당신이 얻는 결과를 얻지 못합니까?" 그는 이렇게 대답하였다. "나는 목소리이지만 그들은 메아리이기 때문입니다."

목소리인가 메아리인가?

지금 하는 말의 중요성을 아는가? 당신이 어떤 것을 진정으로 알거나 그것을 당신의 경험으로 증거하면 당신은 목소리이다. 당신이 말하는 것은 성공을 운반할 것이다. 반대로, 당신이 확신을 가지고 말하기 두려워한다면, 즉 당신이 기대할 수 있는 것을 과감히 선포하지 않는다면, 당신은 메아리의 특성을 보여주는 것이다.

어떤 이들은 큰 확신으로 하나님이 나타내시는 능력의 문 바로 앞까지 사람들을 데려오지만 듣는 사람들을 바꾸지는 못할 것이다. 이런 사람들이 그저 메아리에 불과하다.

담대함은 목소리의 표시이고 소심함은 메아리의 표시이다. 그것이 교회사에서 가장 위대한 목소리였던 바울이 "하나님께서 우리에게 주신 것은 두려워하는 영[혹은 소심함의 영이라고도 말할 수 있다]이 아니라"(딤후 1:7)고 디모데를 권면함으로 결실을 맺게 하려 했던 이유이다.

간단히 말해서, 메아리는 종교의 형태를 지니나 능력을 부인할 것이다. 설교하는 것이 전부 아주 좋게 들리지만, 그 말을 입증하기 위해 따르는 증거는 없을 것이다.

이 구절에서 예수님이 니고데모에게 주셨던 진리는 단순하지만 우리가 이 땅에서 예수님이 하신 일을 하려면 이해해야 하는 중요한 것이다. 내가 이것을 깨달았을 때, 즉시 혼잣말로 고백하기 시작했다. "나는 항상 내가 아는 것을 말하고 내가 보는 것을 증거한다. 나는 항상 하나님의 길을 알고 보고 있다."

사랑하는 자들이여, 이러한 진리가 우리 자신과 다른 사람들에게 역사하도록 하는 것은 확신을 갖고 진리를 알고 믿는데 달려있다. 예수님에 관한 기록들은 이러한 사고방식으로 충만하다. 예수님의 일을 하기 위해 우리는 반드시 예수님이 생각하셨던 대로 생각해야 한다.

'하늘의 마음' 이 되다

요한복음 3:12에서 예수님은 하늘의 것들과 땅의 것들을 크게 구분하셨다. 이것에 비추어 사도 바울이 골로새서 3:2에서 말한 것을 주목하는 것은 흥미롭다. **위에 있는 것들에 너희 마음을 두고 땅에 있는 것들에 마음을 두지 말라.**

이것은 바울이 고린도후서 4:18에서 말한 것과 일치를 보인다.

우리가 바라보는 것은 보이는 것들이 아니요, 보이지 않는 것들이라. 이는 보이는 것들은 잠깐뿐이지만 보이지 않는 것들은 영원하기 때문이라.

우리가 거듭났을 때 하늘은 우리의 집이 되었다. 그것은 우리가 더 이상 낯선 자들과 이방인들이 아니라 성도들과 하나님의 가족들과 함께 동료 시민들이라는 것이다(엡 2:19). 하늘의 시민으로서 우리는 "그 나라의 법"에 익숙해져야 한다.

하늘의 것들은 하늘의 마음을 가진 자에게 훨씬 더 무게가 있고 실재적이다. 그가 감각에 지배를 받는 지식을 진리의 빛에 노출할 때, 그 지식이 불충분하고 세속적이며 가볍고 실체가 없다는 것을 인식하게 된다. 그가 자연적인 상황보다 하늘의 실재를 점점 더 생각하면 할수록, 그의 확신은 모두에게 더욱 분명해진다.

주님을 연구하면 하늘의 영역과 직접 접촉하게 될 것이다. 예수님은 그 이유를 요한복음 3:13에 설명하셨다. **"하늘에서 내려온 이, 곧 하늘에 있는 인자 외에는 아무도 하늘에 올라간 자가 없느니라."**

요요를 해 본 적이 있는가? 계속 올라갔다 내려왔다 하는 동작으로 어지러울 수 있다. 이 구절이 그런 것 같다. 예수님은 하늘에 올라가셨다가 내려오셨고 이 땅에 계신 동안 하늘에 있다고 말씀하신다.

그러나 이 구절을 이해하는 것은 생각보다 쉽다. 예수님이 이 땅에서 행하시는 동안 하늘로부터 사셨다. 다시 말하자면, *예수님은 그분 안에 있는 하늘과 영생에 대해 지속적으로 의식하면서 사셨다.*

이 계시에 비추어 예수님의 삶과 사역을 생각하기 시작하면 실제로 예수님은 항상 하늘을 의식하고 계셨다는 것을 알 수 있다. 이것이 예수님의 한결같은 성공의 비밀이다.

이런 말을 들어본 적이 있는가? "그들은 너무 하늘의 마음을 지니고 있어 이 땅에서 전혀 도움이 되지 않는다."

사실은, 우리가 하늘의 마음을 *가지지* 않는다면 이 땅에서 전혀 도움이 되지 않을 것이다.

아버지의 뜻에 온전히 순복하다

예수님의 생애를 연구하는 것은 매력적이다. 예수님은 엄청난 집중력을 지니셨다. 예수님은 항상 아버지의 일에 관계하셨고 항상 하나님의 뜻을 이루려고 하셨다. 예수님은 너무 진지해서 삶을 즐기지 못하시지 않았고 너무 경솔해서 방향과 감각과 목적의식을 잃지 않으셨다.

예수님이 아버지와의 관계에서 보여주셨던 현저한 특징은 기쁨이다. 예수님은 하나님과의 교제를 즐거워하셨고 다른 사람들과의 대화는 흔히 아버지에 대한 칭송을 표하는 것이었다.

예수님이 하늘에서 일어나고 있는 일에 세심한 주의를 기울이셨다는 것도 아주 명백하다.

> 그때에 예수께서 대답하여 그들에게 말씀하시기를 "진실로 진실로 내가 너희에게 말하노니, 아들은 스스로 아무것도 할 수 없으나 아버지께서 하시는 일을 본 것은 할 수 있나니, 아버지께서 하시는 일은 무엇이나 아들도 그와 같이 행하느니라. 이는 아버지께서 아들을 사랑하시어 친히 하신 모든 것들을 그에게 보여 주심이며, 또 그분께서는 이보다 더 위대한 일들을 보여 주시리니 이는 너희로 놀라게 하려 하심이라.
> 요한복음 5:19, 20

이것은 예수님이 아버지께 드렸던 엄청난 헌신에 대해 말한다. 하나님의 아들은 아버지의 권위에 완전히 순복하셨다. 예수님은 자신의 성공이 완전히 아버지 손안에 있다는 것을 깨달으셨다. 그러므로 예수님은 아버지가 하시는 일을 본 것 외에는 어떤 것도 하려 하지 않으셨다.

이것은 우리가 이해해야 하는 위대한 진리이다. 우리가 예수님이 어떻게 생각하셨고 그 생각을 우리 삶 속에 어떻게 실행하셨는지를 이해할 때, 예수님이 *우리* 삶에 하셨던 동일한 결과를 경험하기 시작할 것임을 기억하라. 그러므로 우리는 반드시 예수님이 그러셨던 것처럼 항상 아버지께 의존해야만 한다.

예수님의 지상사역은 세 가지 핵심적 특성을 나타낸다.

1. 자신의 능력보다 아버지의 능력에 의지하였다.
2. 영적 실재에 대한 방대한 이해력을 가지고 계셨다.
3. 사람들에 대한 사랑을 게을리하지 않으면서 맡겨진 사명에 집중력을 유지하려는 결단이 있었다.

하나님의 능력에 의지, 영적 실재에 대한 이해력, 사람들에 대한 사랑이라는 세 가지 특성은 우리가 이 땅에 예수님의 사역을 표현할 때도 반드시 나타나야 한다.

요한복음 6:38에서 예수님은 말씀하셨다. **내가 하늘에서 내려온 것은 내 자신의 뜻을 행하려는 것이 아니요, 나를 보내신 분의 뜻을 행하려는 것임이라.** 심지어 침례 요한도 요한복음 3:30-36(현대인의 성경)에 기록된 그의 말에서 보듯이 예수님의 성공의 흔적을 찾아내었다.

그분은 점점 번영해야 하고 나는 점점 쇠퇴해야 한다. 위에서 오시는 분은 그 무엇보다도 높은 분이시다. 땅에서 나는 사람은 땅에 속하여 세상 일을 말하지만 하늘에서 오시는 분은 그 무엇보다도 높은 분이시다. 그분이 보고 들은 것을 증거하여도 그분의 증거를 받아들이는 사람은 없다. 그분의 증거를 받아들인 사람은 하나님이 참되신 분이라는 것을 인정하였다. 하나님이 보내신 분은 하나님의 말씀을 하신다. 이것은 하나님이 그분에게 성령을 한없이 주시기 때문이다. 아버지께서는 아들을 사랑하셔서 모든 것을 그분의 손에 맡기셨다. 누구든지 아들을 믿는 사람은 영원한 생명을 소유하게 되지만 아들을 믿지 않고 거절하는 사람은 영원한 생명을 얻지 못하고 오히려 하나님의 형벌을 받게 된다.

요한은 예수님이 다른 사람들과는 다르다는 것을 인식하였다. 예수님은 하늘에서 오셨고 따라서 이 땅에 있는 사람들보다 우월하셨다. 예수님은 그분의 진짜 기원을 알고 계셨었다고 자주 인용되었다. 예수님은 하늘에 있는 아버지로부터 오셨고 곧 돌아갈 것을 알고 계셨다.
  요한은 또한 예수님은 보고 들었던 것을 말씀하셨다고 말한다. *메세지 성경번역본*은 이 생각을 한층 더 상세히 설명한다.

그분은 하늘에서 직접 보고 들은 것을 증거로 제시하신다. 하지만 아무도 그 같은 사실에 관심을 두지 않는다. 그러나 그 증거를 면밀히 살펴보는 사람은 하나님이 곧 진리라는 사실에 자기 목숨을 걸게 된다.

요한복음 3:32, 33

예수님이 육신의 뜻과 하나님의 뜻에 대한 인간적인 고투를 보여주었던 겟세마네 동산보다 더 아버지의 뜻에 대한 예수님의 복종을 분명히 보여주는 곳은 없다. 예수님은 고통의 잔이 주님에게서 지나가기를 세 번 기도하셨다.

그 잔은 우리의 속량을 사기 위해 예수님이 견뎌야만 했던 일을 상징하였다. 인류의 대속물로서 그분의 자리를 지키기 위해 예수님은 죄가 되셔야만 했고 아버지로부터 분리되는 형벌을 받으셔야만 했다.

그러나 예수님은 기도할 때마다 자신의 뜻을 아버지의 뜻에 복종시켰다. 예수님은 혼과 육의 욕망을 극복하고 아버지께 온전히 스스로를 복종시킬 때까지 계속 그렇게 하셨다. 그때 비로소 예수님은 겪어야 하는 고통에도 불구하고 속량의 계획을 완성하실 수 있으셨다.

우리가 예수님의 사역에서 보는 결과는 교회가 갈망하는 것이며 세상이 주님께로 돌아가서 주님을 섬기기 위해 반드시 봐야 하는 것이다. 이것은 또한 교회가 어떤 대가를 치르더라도 반드시 하나님의 뜻에 복종하기로 결정해야 하는 이유이다. 우리는 항상 하나님의 뜻을 보고 듣기로 선택하고 하나님의 말씀을 통해 그리고 성령님에 의해 하나님의 뜻에 복종하기로 선택해야만 한다.

당신의 언약적 권리를 선포하라

나는 항상 하늘의 뜻을 보고 들은 진리를 계속해서 묵상하고 고백한다.

교회인 우리는 예수 그리스도를 통한 우리의 언약적 권리와 특권의 중요성을 보기 위해 깨어날 것이다!

우리가 그리스도 안에서 누구인가를 진정으로 이해하고 우리 자신을 하나님의 말씀의 권위에 전적으로 내어드릴 때, 우리의 말을 듣고 우리를 보는 사람들 안에 믿음이 고취될 것이다. 그러면 예수님처럼, 우리가 여태껏 알고 있던 것을 초월할 정도로 우리 삶을 통해 흐르는 하나님의 능력을 경험할 것이다.

07

한량없는 성령

> 하나님께서 보내신 분은 하나님의 말씀들을 말씀하시나니[하나님 자신의 메시지를 선포하시나니], 하나님께서 그에게 성령을 부족하거나 양을 재어 주신 것이 아니라, 한량없는 성령의 선물을 주심이라!
>
> 요한복음 3:34(AMP)

이 구절은 예수님의 사역을 하기 위해 반드시 있어야 하는 두 가지 주요한 요소인 *하나님의 말씀과 하나님의 성령*을 제시한다. 우리가 이 땅에서 하나님의 목적을 성취하는 자리를 차지하려면 이 둘과 협력하는 법을 반드시 이해해야만 한다.

사복음서를 통틀어 저자들은 예수님이 말씀하셨을 때 하나님의 말씀을 하셨다고 강조한다. 베드로는 베드로전서 4:11에서 우리는 같은 일을 하기 위해 부름받았다고 말한다.

만일 누가 말하려거든 하나님의 말씀처럼 말하고, 또 누가 섬기려거든 하나님께서 공급하시는 능력으로 하는 것처럼 하라. 이는 모든 일에 예수 그리스도로 말미암아 하나님께서 영광을 받으시게 하려 함이니, 그분께 찬양과 권세가 영원무궁토록 있느니라. 아멘.

한 사람이 믿음으로 하나님의 말씀을 말할 때, 하나님은 항상 말해진 말씀이 실제로 나타나도록 무한한 분량으로 성령을 주신다. 하나님의 능력의 충만한 공급이 우리를 통해 나가는 하나님 자신의 말씀을 뒷받침한다는 것을 아는 것은 얼마나 고무적인가! 우리가 하나님의 말씀을 선포할 때, 하나님은 그 말씀이 말하는 바를 만들어 내기로 결단하신다는 것을 확신해도 된다.

하나님의 능력의 공급에는 제한이 없다

잠깐 생각해 보라. 하나님이 생명이 충만한 말씀을 하실 때 창조의 과정에 제한이 있었는가? 말씀이 그러한 능력을 지니고 있다는 것을 아신 예수님도 말씀으로 병든 자를 모두 고치시고 귀신을 쫓아내시면서 예수님이 이 세상에 오시기 한참 전에 말해진 것을 이루셨다(마 8:16, 17). 이사야 선지자가 말한 그 말씀에는 제한이 없었다. 당면한 과제를 성취하는데 하나님의 영이 충만하게 공급되었다.

하나님께 감사하게도 하나님의 말씀은 절대 그 능력을 잃지 않았다! 어제 그랬던 것처럼 오늘도 역시 실재적이다. 히브리서 13:8은

이 진리를 확정한다. **예수 그리스도는 어제나 오늘이나 영원토록 동일하시니라.**

믿는 자들로서 우리는 예수님이 경험하신, 하나님의 말씀과 연관된 하나님의 성령을 같은 분량으로 공급받을 자격이 있다. 이러한 생각을 한층 더 강조하는 몇 가지 말씀이 여기 있다.

우리 모두가 그의 충만한 데서 받았으니 은혜 위에 은혜니라.

요한복음 1:16

그분 안에는 신격의 모든 충만함이 몸의 형태로 거하시나니 너희도 모든 정사와 권세의 머리이신 그의 안에서 온전하게 되느니라.

골로새서 2:9, 10

모든 충만함이 그의 안에 거하는 것이 아버지를 기쁘게 하였음이며

골로새서 1:19

하나님께서는 이들에게 이방인들 가운데서 이 신비의 영광의 풍요함이 어떠한지를 알리고자 하셨으니 이 신비는 너희 안에 계신 그리스도시요, 곧 영광의 소망이라.

골로새서 1:27

그러나 만일 여러분이 자기 자신을 주께 바친다면 여러분은 그리스도와 한 몸이 되는 것입니다.

고린도전서 6:17(현대인의 성경)

우리는 어떤 일이라도 우리에게서 난 것같이 생각하여 스스로 만족하지 않는 것은 우리의 만족이 하나님께로부터 난 것이기 때문이라.

고린도후서 3:5

이 성경 말씀들은 모두 믿는 자로서 우리에게 주신 하나님의 공급에 관해서 단도직입적으로 말한다. 우리는 예수님이 받으셨던 것처럼 하나님의 성령을 받았다. 사실, 온 세상으로 가서 "따르는 표적으로" 복음을 전파하라는 주님의 명령은, 하나님이 신실하셔서 우리가 필요한 모든 권능과 능력을 주시기 때문에 이룰 수 있다.

한량없는 성령-우리 유업의 일부

침례 요한이 한 말을 기억하라. **하나님께서 보내신 그분은 하나님의 말씀을 하신다. 그것은 하나님께서 그분에게 성령을 한량없이 주시기 때문이다**(요 3:33, 34 현대인의 성경). 한량없는 성령은 하나님의 일을 하는 종들에게 주어진 도구이다. 예수님은 내 아버지께서 나를 보내신 것같이 나도 너희를 보낸다(요 20:21)고 말씀하셨다. 아버지가 예수님께 완전한 영적 도구를 공급하여 하나님의 뜻을 행하도록 보내셨다면, 왜 예수님이 우리를 같은 방식으로 보내지 않으셨겠는가?

우리가 예수님의 사역을 계속하는 것은 하나님의 뜻이다. 그러나 우리의 성취 범위가 제한되어 있다면 어떻게 할 수 있겠는가?

예수님은 이 땅에 하나님의 임재를 구현하는 사람이 여럿이기를 원하셨던 것이 분명하다. 그래서 예수님은 그분의 이름의 권세로 복음을 전파하고 가르치고 치유하도록 12명의 제자와 70인을 보내셨다(눅 10:1). 예수님은 그분이 친히 전파할 수 있는 범위가 신체적 제한을 받는다는 것을 아셨다. 왜냐하면 예수님이 동시에 모든 곳에 있을 수 없었기 때문이다.

다음 구절이 명백하게 보여주는 것처럼, 예수님은 그분의 만지심이 필요했던 많은 사람들에게 깊은 긍휼을 가지셨다.

> 그후에 예수께서 모든 성읍들과 마을들을 돌아다니시며 그들의 회당에서 가르치시고 왕국 복음을 전파하시며 또 백성 가운데서 모든 질병과 허약함을 고쳐 주시더라. 주께서 무리를 보시고 그들을 가엾게 여기시니 이는 그들이 목자 없는 양과 같이 지치고 흩어졌음이라. 그때 주께서 제자들에게 말씀하시기를 참으로 추수할 것은 많으나 일꾼들이 적구나, 그러므로 너희는 추수의 주께 기도하여 추수할 일꾼들을 보내 주시라고 하라 하시더라. 주께서 자기 열두 제자들을 부르시어 그들에게 더러운 영들을 쫓아내며 모든 병과 모든 허약함을 치유하는 권세를 주시더라.
>
> 마태복음 9:35-38, 10:1

군중들을 보시고 예수님은 긍휼로 움직이셨다. 예수님은 인간의 모든 필요에 해답이셨고 항상 그러하실 것이기 때문에, 사람들에 대한 예수님의 사랑이 임시 해결책을 제공하였다. 예수님은 그분이 하셨던 일을 하도록 열두 제자들을 지명하여 공급과 수요의 문제를 해결하셨다.

예수님이 모든 병과 질병을 고치고 모든 더러운 귀신을 내쫓는 충분한 능력으로 권한을 부여했다는 것을 주목하라. 이것은 한량없는 성령이 당면과제를 적절히 완수하는 것 이상으로 필요한 권능과 권세라는 것을 믿게 해 준다. 다른 한편으로, 그리스도의 몸 *전체가* 예수님이 *개인으로* 가지고 계셨던 권능과 권세의 분량을 집합적으로 가진다고 가정한다면, 예수님의 사역을 지속할 수 있는 효과를 감소시키는 것이다.

이것을 생각해 보라. 예수님은 한량없는 성령을 가졌지만, 우리는 개별적으로 전체 분량의 일부분만 가지고 있다면, 우리는 각자 최소한의 결과를 만들어 낼 수밖에 없다.

이것은 파이를 12조각으로 나눌 때 적용되는 동일한 원리이다. 각 조각은 전체 파이의 12분의 1밖에 되지 않는다. 예수님이 이런 식으로 기름부음을 균등하게 나누어 주셨다면, 제자들은 보냄을 받았을 때 예수님의 기름부음의 12분의 1만큼만 각각 가지고 있었을 것이다. 그들이 함께해야 비로소 그리스도의 충만함과 같게 되었을 것이다. 따라서, 제자들은 각각 열두 귀신 중 한 귀신을 쫓아내고, 열두 가지 질병 중 한 가지 질병을 고칠 수 있다고 생각했을 것이다.

여기에 이런 원리가 생겨난다. 즉, *공동의 노력이 증가할 때마다 개인의 효과는 감소한다.* 바울의 계시의 관점에서 볼 때, 이것은 분명히 주님의 의도가 아니었다는 것을 알 수 있다. 예수님은 자신을 배가시키기 위해 오셨다.

성경은 사탄이 하나님의 계획을 알았더라면 결코 영광의 주님을 십자가에 못박지 않았을 것이라고 말한다(고전 2:8). 이유가 명확하지 않은가? 하나님의 계획은 세상에 구원을 주셔서 기름부음 받은 분인 그리스도를 복제한 자들을 많이 가지는 것이었다.

우리는 "그리스도와 같은"이라는 뜻인 그리스도인들이라고 불린다는 것을 기억하라. 우리는 마귀에게 있어서 최악의 악몽이다. 사탄이 그리스도인 한 명을 볼 때마다 예수 그리스도의 손이 행한 끔찍한 패배를 상기하게 된다. 한 그리스도인이 이 진리를 따라 자신의 위치와 부르심을 이해하는 만큼, 이 세상에서 하나님 왕국을 위해 행하는 효과가 결정될 것이다.

한계는 하나님으로부터 오지 않는다. 하나님은 우리가 예수님의 사역에 전적으로 접근할 수 있게 하셨다. 우리 믿는 자들은 어려움에 맞닥뜨릴 때마다 우리가 승리할 수 있을지 없을지 의문을 가져서는 안 된다. 의문들이 오래 머무르고 불충분함이 자리잡으면 쉽게 패배할 것이다. 우리는 하나님으로 충만하고 모든 요구를 충족시키기에 충분하고도 남을 정도의 성령과 능력으로 충만하다는 것을 알아야 한다.

예수님은 요한복음 10:10에서 말씀하셨다. **도둑은 오직 도둑질하고 죽이고 멸망시키려고 오지만, 내가 온 것은 양들로 생명을 얻고 더 풍성히 얻게 하려 함이라.** "풍성함", "충분함", "충만함"이라는 말은 전부 *절대적인 통치*를 뜻하는 말이다. 믿는 자들은 결코 실패하지 않을 것이다. 예수님은 개인적인 삶에서 결코 실패하지 않으셨고, 사역에서도 항상 승리하셨다.

우리는 예수님과 같은 본성과 능력, 예수님을 충만케 했던 같은 성령을 가지고 있다. 예수님 안에 거했던 같은 영생이 우리 안에도 거하고 있다. 그 생명이 삶에서 승리하는 능력이고, 사탄과 사탄의 일에 대해 승리하도록 다른 사람들을 돕는 축복을 누리는 능력이다.

우리가 하나님을 얼마나 많이 소유하고 있는지 결정하는 데 있어, 자연적 세계에서 우리의 현 상황을 의존하는 것은 하나님 말씀의 권세를 침해하는 것이라고 굳게 믿는다. 우리가 성경적인 믿음을 가지려면 반드시 부활하신 그리스도와 그 충만함이 우리 안에 살고 있다는 것을 인식해야만 한다(골 2:9, 10).

성령으로 충만케 되다, 성령의 능력으로 충만케 되다

믿는 자들은 모두 예수님과 같은 삶을 살 수 있는 잠재력을 지니고 있다. 그렇기 때문에 사도 바울은 에베소서 5:18에서 **"성령으로 충만하라."** 또는 원어가 제시하는 대로 "충만하여지라."고 말한다. 다시 말하자면, 이 말씀은 "지속적으로 성령으로 충만하라." 혹은 "안에 있는 하나님의 충만함에 적극적으로 참여하라."고 말하는 것이다.

우리의 영적 상태를 은행 계좌와 연관시켜 보면 이 개념을 더 잘 이해할 수 있다. 영적으로, 하나님은 개인 은행 계좌에 하나님의 축복을 관대하게 주셨다. 모든 영적인 축복이 우리의 것이고 날마다 새로 들어오는 이득이 우리 계좌에 쌓인다(엡 1:3, 시 68:19). 성령으로 지속적으로 충만해지는 것은 우리 계좌에 예금이 계속 들어오게 하는 것과 같다.

아주 많은 그리스도인들이 영적으로 고갈되었고 그로 인해 영적 성공이 매우 어려워진다. 그 이유는 믿는 자가 상을 받기 위해 얼마나 많은 영적 훈련을 해야 하는지 하나님이 계산하고 계시기 때문이 아니다. 결국, 하나님은 믿는 자들을 위해 이미 상을 확보하셨다. 그러나 믿는 자들이 성령님과 접촉하지 않을 때, 그들은 예수님이 성령으로 행했던 결과를 만드는데 필요했던 바로 그 능력의 근원과 접촉을 하지 않는 것이다.

우리가 하나님과 교제하고 우리의 믿음을 사용하고 말씀과 더불어 우리의 영을 불러일으킬 때, 하나님의 충만함이란 계좌에 영적인 예금을 하고 있는 것이다. 우리의 공급에 접근하기가 아주 쉽고 우리의 마음은 안정되고 확신에 차게 된다.

예수님이 이 땅에서 행하실 때 인간으로서 그렇게 하셨다. 하나님의 아들인 예수님이 인간의 아들이 되셨다.

법적으로 그랬어야만 했다. 예수님이 하나님으로서 인류의 속량을 사셨다면, 마귀에게 속한 세상의 시스템에 불법 침입한 것이 되었을 것이다. 인간은 항상 죄의 본성의 영향력 아래서 세상에 태어났고 지금도 그러하다. 그러므로, 하나님의 아들이 유일하게 법적으로 세상에 들어갈 수 있는 것은 죄의 본성이 없는 인간으로서 들어가는 것이었다. 그래서 이 인간은 첫째 아담의 역할과 책임을 취할 수 있었다.

고린도전서 15:45은 예수님이 둘째 아담이셨다고 말한다. 그는 죄가 없는 완전한 인간인 아담으로 태어나셨다. 첫째 아담이 죄가 있는 인간으로서 하나님의 계획을 망칠 수 있었다면, 둘째 아담은 죄가 없는 인간으로서 하나님의 계획을 회복시킬 수 있었다.

나의 요점은 이렇다. 예수님이 아담이 걸었던 영광과 존엄 가운데 걸을 수 있었을까? 다시 말하자면, 요단강에서 침례를 받은 후 예수님께 임했던 기름부음은 첫째 아담에게 임했던 바로 그 기름부음이었을까?

예수님이 십자가를 지기 전에는 그분이 가지셨던 능력과 권세가 하늘과 땅에 있는 모든 능력과 권세라고 말씀하시지 않았다는 것은 흥미롭다. 그렇다. 예수님은 모든 병과 모든 질환을 고치고 모든 귀신을 쫓아내는 능력과 권세를 제자들에게 나누어 주셨다. 그러나, 이 맥락에서 모든all을 강조하는 것은 기대하는 치유와 구출의 숫자와 관계가 있었다.

예수님이 누가복음 11:20에서 말씀하셨던 것처럼, 하나님은 손가락만으로도 귀신을 쫓아낼 수 있으시다. **"그러나 만일 내가 하나님의 손길로 마귀들을 쫓아낸다면 그때에는 하나님의 나라가 너희에게 임한 것이 분명하도다."** 그것이 사실인 이상, 그러면 예수님이 왜 모든 능력과 권세를 가질 필요가 있었을까?

그렇다. 예수님은 한량없는 성령을 받으셨고 그 가운데 행하셨다. 그러나 예수님께 한량없는 성령을 준 하나님의 목적은 무엇이었을까? 예수님이 이 땅에서 둘째 아담으로서 하나님의 모든 뜻을 이루기 위해서이다.

이것이 사실이라면, 이것은 분명히 우리의 패배한 적에 대해 다른 관점을 갖게 한다. 우리는 과거의 불안정함을 바라보며 우리 자신의 무능함으로 마귀와 싸우고 있는 것이 아니라는 것을 발견한다.

바울은 고린도인들에게 그들이 그들의 마음에서 제한을 받는다고 말했다(고후 6:12). 이것은 우리 모두에게 흔한 문제이다. 자연적 세계의 시스템은 우리를 승리의 진리에서 벗어나게 한다. 그렇기 때문에 요한이 요한일서 5:4에서 강조하였다. **세상**[세상의 시스템과 지위와 자유를 얻으려는 인간의 자구적인 노력]**을 이기는 승리는 이것이니 곧 우리의 믿음이라.** 요한은 여기에서 완성된 속량 사역에 대한 믿음을 말하고 있었다. 그것은 예수님이 삶에 대한 완전한 성공을 위해 싸우셨고, 그 성공을 얻으셨고, 보장하셨다는 지식이다.

우리가 예수님의 삶과 사역을 더 자세히 들여다보면, 속량이 완성될 날에 대해 아버지께 기도하는 예수님을 볼 수 있다.

예수께서 이러한 말씀들을 하시고 눈을 들어 하늘을 보시며 말씀하시기를 "아버지시여, 그 시간이 왔나이다. 아버지의 아들을 영화롭게 하셔서, 아들도 아버지를 영화롭게 하게 하옵소서. 아버지께서 아들에게 모든 육체 위에 권세를 주신 것은 아들에게 주신 모든 사람에게 영생을 주게 하려 하심이니이다. 영생은 이것이니 곧 사람들이 유일하시고 참 하나님이신 아버지와 아버지께서 보내신 예수 그리스도를 아는 것이옵니다. 내가 땅에서 아버지를 영화롭게 하였으며 아버지께서 내게 하라고 주신 그 일을 완성하였나이다. 오 아버지시여, 세상이 있기 전에 내가 아버지와 함께 갖고 있던 그 영광으로 이제 나를 아버지와 함께 영화롭게 하여 주옵소서.   요한복음 17:1–5

우리는 예수님이 아버지께 완성된 사역에 대해 말씀하고 계시기 때문에 이 기도가 죄의 형벌이 치러질 날에 대해 예언적으로 말하고 있음을 안다. 아버지의 일은 예수님이 우리 모두를 위한 영원한 속량을 확보하기 위해 자신의 피를 가지고 하늘로 올라갔을 때 비로소 완성되었다. 이것은 예수님이 마리아에게 만지지 말라고 말씀하셨던 때인 부활 후 동산에서 일어났던 일을 설명한다. 왜냐하면 예수님은 아직 하나님 앞에 피를 드리기 위해 아버지께로 올라가지 않으셨기 때문이었다(요 20:17, 히 9:7-14).

5절에서 예수님이 "세상이 있기 전에 내가 아버지와 함께 갖고 있던 그 영광으로 나를 아버지와 함께 영화롭게 하여 주옵소서."라고 기도하셨다는 것을 주목하라. 이것은 예수님이 이 땅에 계시는 동안 사용했던 신성한 능력은 원래 소유했던 능력의 충만함이 아니었다는 것을 나타낸다. 이것이 사도 바울이 *그분의 부활의 능력*을 알기 원했던 이유일까?(빌 3:10)

에베소서 1:15-20에서, 바울은 하나님이 그리스도를 죽은 자들로부터 살리실 때 나타났던 하나님의 역사하는 놀라운 능력을 교회가 계시로 깨닫게 되기를 기도하였다. 아버지가 행하셨던 가장 위대한 일을 기록한 것은 예수님을 죽은 자들 가운데서 살리신 것이었다. 하나님이 예수님을 살리실 때 온 세상을 살리신 것이었다. 그리스도 안에서, 아버지는 세상의 죄과를 그들에게 돌리지 않으시고 세상과 화해하셨다(고후 5:18, 19).

하나님의 힘과 사랑을 얼마나 멋지게 보여주셨는가! 예수 그리스도의 부활은 비길데 없는 능력을 보여준 것이었다.

무덤에서 갓 나오신 예수님이 제자들을 만나셨다.

그후에 예수께서 그들에게 오셔서 일러 말씀하시기를 "하늘과 땅에 있는 모든 권세를 나에게 주셨도다. 그러므로 너희는 가서 모든 민족들을 가르치고 아버지와 아들과 성령의 이름으로 침례를 주며 내가 너희에게 명령한 모든 것을 가르쳐 지키게 하라. 보라 내가 세상 끝까지 너희와 항상 함께 있으리라."고 하시더라. 아멘. 마태복음 28:18-20

우리가 예수님의 입에서 능력과 권세에 관해 "모든"이란 말을 사용하신 것을 처음으로 듣는 때가 이때이다. 다시 말하지만, 죄의 값이 지불되었을 때 하나님의 모든 영광과 능력의 충만함이 예수님을 죽은 자들 가운데서 일으키므로 합법적으로 그리스도께 속했던 것을 그분께 회복시킬 수 있었을까?

예수님을 죽은 자들 가운데서 살리셨던 하나님의 위대함과 예수님을 죽은 자들 가운데서 살리셨던 바로 그 성령이 지금 우리의 죽을 몸도 살리고 계신다(롬 8:11).

한계를 벗어라!

그리스도인이여 이것을 생각하라! 당신의 불충분함을 하나님의 장엄함의 바다에 묻어라. 당신의 마음이 다시는 복음의 능력을 손상시키지 않도록 하라. 영원토록 하나님의 계획 안에 있는 당신의 가치와 중요성을 보라. 하나님의 충만함으로 인간 안에, 당신 안에 거하기 위해 오신 하나님께 감사드린다.

> 이는 너희 안에서 내내 효과적으로 역사하시는 [너희 안에 힘을 주고 능력과 갈망을 만드시는] 분은 하나님이시기 때문이니 그분의 선한 기쁘심과 만족과 즐거움을 위해 뜻을 두고 행하신다.
>
> 빌립보서 2:13(AMP)

예수님은 하나님의 완벽한 뜻인 이 기쁨과 만족과 즐거움을 하늘로 승천하실 때인 마태복음 28:18-20에서 표현하셨다.

그리스도의 몸으로서, 우리는 우리 자신을 제한했는데 예수님은 결코 그렇게 하지 않으셨다. 승리하는 교회는 사탄의 악한 일 앞에서 몸을 움츠렸다. 우리는 기독교의 기준에서 너무 멀리 떨어져 나가서 우리 스스로를 미라로 만든 두려움과 불신을 인식하지 못한다.

어떤 이들은 결과를 보지 못한 것에 대해 하나님을 탓한다. 그들은 하나님께 더 많은 것을 해 달라고 항상 구하고 있는 사람들이다. 성령의 파도와 하나님의 움직임과 늦은 비 운동에 대해 하나님께 감사한다. 하나님은 그분의 영광을 위하여 아주 위대한 결과를 얻을 수 있도록 모든 것을 제공하신다.

그러나, 이 모든 놀라운 나타남의 목적은 우리가 이루지 못한 것을 만회하려는 것이 아니다. 그리스도의 완성된 사역은 충분하다. 하나님의 계획은 충분하다. 하지만 그 신성한 계획 안에서 하나님이 우리를 부르신 일을 이루는 것은 각자에게 달렸다.

나의 동료 신앙인들이여, 성령이 교회에게 말씀하시는 것을 들어라. 일어나서 책임을 감당하자. 하나님의 메시지의 능력을 우리 자신의 전통적 해석으로 희석하지 말고 말씀에 있는 하나님을 붙잡는 것을 명예로 여기자.

당신의 상자에서 벗어나라고 도전한다. 이성이 왕으로 다스리고자 안간힘을 쓰는 당신의 마음의 한계를 넘어서 발돋움하라. 두려움과 불안정이라는 제한을 던져 버리라.

그리스도 안에서 그분의 영광으로 옷 입은 자신을 보라. 당신은 전투를 할 수 있는 자질을 갖추고 견고하게 되어 구비된 챔피언이다. 당신 자신의 삶이 발전하는 것을 볼 뿐 아니라 다른 사람들을 자유케 할 수 있는 때이다!

08

당신이 선물이다 –
성령의 은사가 역사하는 법

업적에 의거해서 가치를 판단하는 혼란스러운 세상 가운데, 예수님은 베드로에게 감동을 주셔서 우리가 아무런 가치가 없었을 때 하나님이 우리를 특별하게 만드셨다는 것을 기록하고 상기시키라고 하셨다.

그러나 여러분은 다릅니다. 여러분은 하나님께서 손수 택하신 민족이요 왕의 제사장들이요 거룩하고 순결하며 하나님의 소유가 된 백성이기 때문입니다. 이것은 여러분을 어둠에서 불러내어 그 놀라운 빛 가운데로 인도하신 하나님을 다른 사람들에게 보여주기 위한 것입니다. 여러분이 전에는 아무런 가치 없는 사람이었으나 지금은 하나님의 자녀가 되었습니다. 전에는 하나님의 은혜를 알지 못하였으나 지금은 그 은혜를 입고 여러분의 삶이 변화되었습니다. 　　　　　베드로전서 2:9, 10(TLB)

우리는 하나님께 택함을 받았다. 이 사실만으로도 운명적인 위대함의 의식이 우리 안에 영감을 주어야 한다. 우주 만물의 하나님이 우리를 택하시고 부르시고 승리하도록 구비시켜 주셨다. 우리는 그분의 것이다. 하나님은 우리를 거룩하고 정결하게 만드셨다. 우리는 그분 앞에 의롭고 축복받은 자로 선다.

어떻게 죄가 자아존중감을 훔칠 수 있을까? 죄가 하나님의 인자하심보다 더 강력할까? 아버지께서는 우리가 하나님의 눈으로 스스로를 보기를 얼마나 갈망하시는지 모른다!

하나님 안에서 당신이 가진 것에 대한 확신

우리는 예수님의 사역이 부르심에 대한 이해로 나타났다는 것을 항상 유념하면서 이 연구 내내 집중하려고 노력할 것이다. 예수님은 어디서 왔는지 아셨을 뿐 아니라 날마다 이 땅에 살고 계신 목적을 이해하셨다.

요한복음 4장에 주의를 기울이면서 예수님이 알고 계셨던 것을 발견하도록 하자.

그리하여 주께서 야곱이 자기 아들 요셉에게 준 땅에서 가까운 수칼이라 하는 사마리아의 한 성읍에 오셨는데 거기에 야곱의 우물이 있더라. 예수께서 여행으로 피곤하시므로 우물 곁에 그대로 앉으셨는데 때는 제 육시쯤이더라. 한 사마리아 여인이 물을 길으러 왔는데, 예수께서 그녀에게 말씀하시기를 "마실 물을 좀 달라."고 하시더라. (이는 그의 제자들이 음식을 사기 위하여 성읍으로 갔음이라.) 그때 사마리아 여인이 주께 말씀드리기를 "유대인인 당신이 어떻게 사마리아 여자인 나에게 '마실 물을 달라.' 고 하시나이까?"라고 하니, 이는 유대인들이 사마리아인들과는 교제가 없기 때문이더라. 예수께서 대답하여 그녀에게 말씀하시기를 "만일 네가 하나님의 선물을 알고 또 마실 물을 좀 달라고 너에게 말한 이가 누구인 줄 알았더라면 그에게 구하였을 것이요. 그는 너에게 생수를 주었으리라."고 하시니. 요한복음 4:5-10

6절과 7절에서 보듯이, 예수님은 여행으로 피곤하시고 목이 마르셨다. 예수님이 사마리아 여인에게 마실 물을 구하셨을 때 그 여인은 충격을 받았다. 사마리아인들과 유대인들 간의 긴장 상태를 고려해 볼 때, 9절에 나오는 그녀의 반응은 전형적이었다. 이 두 족속은 서로를 경멸하였다. 유대인들과 사마리아인들 간에 거래가 있다면 그것은 절대적으로 사업에 관한 것뿐이었다. 확실히 친절한 행동은 없었다.

나는 이 시점에서 예수님이 하셨던 일을 좋아한다. 예수님은 전체 대화를 개인에 대한 사역의 기회로 바꾸셨다. 예수님은 "만일 네가 알았더라면…"이라고 말씀하시면서 시작하셨다.

우리가 그리스도인들로서 모르는 것 때문에 얼마나 많은 것을 놓치고 있는지 놀라울 정도이다. 그 여인이 예수님이 누구셨는지 알았더라면, 그 때문에 얻는 혜택을 받을 수 있었을 것이다. 그녀는 또한 예수님이 아셨던 것으로 인해 그 혜택을 받을 수 있었을 것이다.

아는 것은 선물을 주는 자에게 중요하다. 또한 아는 것은 선물을 받는 사람에게도 중요하다.

예수님은 네 가지를 아셨다.

1. 예수님은 자신이 하나님의 선물이라는 것을 아셨다. 요한복음 3:16이 말하는 대로, **하나님께서 세상을 이처럼 사랑하셔서 그의 독생자를 주셨다.**
2. 예수님은 자신이 누구신지를 아셨다. 예수님은 가시는 곳마다 이사야 선지자의 말을 읽으셨다. "주 하나님의 영이 내게 임하셨으니 이는 주께서 내게 기름을 부으사."(사 61:1) 예수님은 자신이 세상에 해답이라는 것을 아셨다.
3. 예수님은 생수를 가지고 계셨다는 것을 아셨다(요 4:10). 얼마나 엄청난 계시인가! 당신이 하나님의 생명과 본성을 가졌다고 확신하는가? 당신이 생명을 가진 것을 아는 것은 생명을 풀어놓는 열쇠의 절반을 가진 것이다.
4. 예수님은 사람들이 구할 때 이 생수를 줄 수 있다는 것을 아셨다(요 4:13, 14).

요한복음 5:26에서 예수님은 말씀하셨다. **"이는 아버지께서 자신 안에 생명을 지니신 것같이 아들에게도 생명을 주시어 아들 안에 지니게 하심이라."** 궁극적으로, 우리가 생명을 얻도록 예수님이 오셨다.

요한복음 10:10에서 예수님은 말씀하셨다. **도둑이 오는 것은 다만 도둑질하고 죽이고 멸망시키려 함이거니와 내가 온 것은 양들이 생명을 얻게 하고 생명을 더욱 풍성히 얻게 하려 함이라.** 예수님은 이 진리를 요한복음 4:14에서 재차 강조하셨다.

내가 주는 물을 마시는 사람은 누구든지 영원히 목마르지 아니하리라. 그러나 내가 그에게 주는 물은 그 사람 안에서 영원한 생명으로 솟아 오르는 샘물이 되리라고 하시니라.

예수님이 하나님 안에서 무엇을 가지고 있는지에 대한 확신과 그것을 나눠 줄 수 있는 능력에 대한 확신을 매우 명료하게 볼 수 있다.

우리가 다음 요점으로 넘어가기 전에 예수님이 말씀하시고 행하셨던 것의 중요성을 보는 것이 필요하다. 잠시, 예수님의 사역의 다른 측면들에 관한 기억을 되살리고자 한다.

인간 편이 있는데 그것은 하나님으로부터 받는 개인의 믿음에 초점을 둔다. 또한, 하나님 편이 있는데 하나님이 성령의 은사를 통해 인간에 대한 축복을 주도하신다. 그리고 마지막으로, 하나님-인간 편이 있는데 이것은 믿음을 풀어놓기 어려운 사람을 돕기 위해 기름부음과 믿음을 사용하여 사역하고 있는 사람에게 책임이 있다.

우리가 예수님의 사역에서 발견한 대로, 세 번째 방법인 하나님-인간 편은 예수님이 사람들을 개별적으로 다루실 때 사용하셨던 가장 보편적인 방식이었다. 이것은 또한 아주 많은 사람들이 예수님을 따랐던 이유이다. 예수님이 결과를 만들어 내는 능력을 나타내셨기 때문에 사람들은 예수님을 믿었다.

사업하는 사람은 이 생각의 진가를 알아볼 수 있다. 어떤 사람이 하는 일에 성공하면 사람들이 소문을 낼 것이고 사업은 성장할 것이다. 기독교가 예수님과 초대교회가 얻은 동일한 결과를 항상 얻었다면, 세상에 있는 다른 모든 종교에 여지를 주지 않았을 것이다.

이제 요한복음 4장에서 예수님이 말씀하신 것과 행하셨던 것을 다시 고려해 보자. 예수님은 자신이 무엇을 가지고 계셨는지와 그것으로 할 수 있는 능력에 대해 지극히 확신하며 알고 계셨다. 예수님은 그분이 선물이라고 선포하셨다. 예수님은 자신이 누구셨는지 아셨고, 받는 자에게 거저 주어 축복을 가져다줄 수 있는 생수를 가졌다는 것을 아셨다.

예수님은 이 여인의 믿음을 추구하는데 적극적인 역할을 하셨다. 예수님은 결과를 얻는 자신의 능력에 주의를 기울이지 않으셨던 것 같다. 예수님은 무엇을 가지고 계셨는지 그것이 그 여인에게 어떤 일을 할 것인지에 확신을 지니고 계셨다.

하나님이 당신을 만드신 목적에 대한 확신

앞에서 논의한 대로, 구출자나 중재자는 적극적으로 하나님 편과 인간 편을 연결시키는 역할을 할 것이다. 구출자가 하나님이 하실 일에 대해 담대하고 하나님이 맡겨주신 능력에 확신을 지니면, 항상 사람들 안에 더 많은 믿음을 일으킬 수 있고 사람들의 삶에 더 많은 성령의 은사가 역사하게 할 것이다.

사마리아 여인을 만났을 때 예수님은 무엇을 만들어 내기 위해 성령의 은사를 기다리지 않으셨다. 예수님은 *자신이* 선물인 것을 아셨다. 예수님은 자신이 소유하셨던 생수를 믿으셨고 그것이 이 여인에게 축복을 줄 것을 아셨다.

하나님은 항상 행동하는 자들과 일하실 것이다. 내가 말하는 행동하는 자는 어떤 자일까? 하나님은 믿음으로 발을 내딛고 이 땅에서 특별한 목적의 임무가 주어질 때 순종하는 사람과 함께 일하신다. 그 사람의 삶에 대한 하나님의 뜻이 무엇이든지 간에, 하나님이 그에게 임무를 완성하기 위해 맡기신 도구가 무엇이든지 간에, 행동하는 자는 예수님의 일을 하고 바라는 결과를 얻기 위해 자신이 가진 것을 사용하는데 신실하다.

사도행전 10:38에서 베드로는 설교했다. **"하나님께서 나사렛 예수께 성령과 능력으로 기름부어 주셔서 그분이 두루 다니시면서 선한 일을 행하시며 마귀에게 억압받는 모든 자를 치유하셨으니 이는 하나님께서 그분과 함께 계심이라."** 목적은 선한 일을 하고 마귀에게 억압받는 모든 자를 치유하는 것이었다. 목적을 이루기 위한 능력부여는 성령과 권능이었다.

예수님은 보내심 받았던 하나님의 뜻을 수행하는 권한을 행사하는 일에 신실하셨기 때문에 아버지의 내주하시는 임재에 대해 매우 확신을 지니고 계셨다.

하나님이 특별한 임무를 완수하라고 명령하셨다면, 그것을 수행할 수 있는 능력을 주신 것이다. 그러므로 결과에 대해 겁을 먹는 유일한 길은 하나님의 성실하심과 일을 수행하는 당신의 능력을 의심하는 것인데, 그것은 불신과 실패에 대한 두려움이다. 하나님은 임무를 성공적으로 완수하는 능력을 주지 않을 일은 결코 하라고 하지 않는다는 것을 절대 잊지 말라.

결과에 대해 인간의 노력이 아닌 예수님을 의지하라

예수님이 이 여인을 돕는 다음 단계가 가장 흥미롭다. 요한복음 4:15에서 그녀는 예수님께 말했다. **"주여, 그 물을 나에게도 주소서."** 예수님은 확실히 그녀 안에 받고자 하는 크나큰 갈망을 일으키셨다.

그녀에 대한 예수님의 반응을 보라. **"가서 네 남편을 불러 이리로 오라."**(16절) 예수님이 하시는 일에 전혀 도움이 필요 없는 것 같았을 때, 성령의 은사가 작동하기 시작했다. 예수님은 그녀의 과거나 현재에 대한 통찰력인 지식의 말씀을 받으셨다. 하나님은 예수님이 이 사마리아 여인에게 시작하셨던 사역을 마무리하기 위해 예수님과 함께 일하셨다.

이 영적인 은사는 분명히 그 상황에 필요한 것이었다. 확실히, 이 여인의 받을 수 있는 능력을 막고 있던 숨겨진 것이 드러났다.

그러나 나의 요점은 이것이다. 즉, 예수님은 이 여인을 돕기 위해 은사에 의지하신 것이 아니고 자신이 누구셨는지 무엇을 가지고 계셨는지에 의지하셨다는 것이다. 아래의 예를 통해 볼 때, 예수님은 즉각적인 결과를 내기 위해 성령의 은사가 필요했다는 사실을 교회가 의식하지 않게 하셨다. 그와는 반대로, 예수님은 따르는 자들 안에 다음과 같은 의식이 길러지도록 시간을 보내셨다. 그것은 예수님이 1) 교회가 소유하고 있다고 말씀하셨던 것과 2) 교회가 그 영적인 도구로 할 수 있다고 말씀하셨던 것에 근거해 결과를 내는 의식이다.

실례를 보기 전에, 잠깐 성령의 은사를 논의해 보자. 우리가 2장에서 이 은사를 언급했지만 다시 검토해 보자.

> 그러나 각 사람에게 성령의 나타나심을 주신 것은 함께 유익을 얻게 하려 하심이라. 어떤 사람에게는 성령을 통하여 지혜의 말씀을 주시고 또 어떤 사람에게는 같은 성령을 따라 지식의 말씀을, 또 어떤 사람에게는 같은 성령으로 믿음을, 어떤 사람에게는 같은 성령으로 병 고치는 은사들을, 또 어떤 사람에게는 기적들을 행함을, 어떤 사람에게는 예언함을, 어떤 사람에게는 영들을 분별함을, 또 어떤 사람에게는 여러 가지 방언들을 말함을, 어떤 사람에게는 방언들을 통역함을 주시느니라. 그러나 이 모든 일은 한 분이신 같은 성령께서 역사하시어 그분께서 원하시는 대로 각 사람에게 나누어 주시느니라.   고린도전서 12:7-11

교회로서, 우리는 주님이 그분의 선하심으로 믿는 자들을 위해 특별히 나타나신 것을 감사해야 한다. 이러한 은사는 교회가 이 땅에서 일하기 위한 도구의 일부이다.

  하나님에 대한 믿음은 성령의 은사가 만들어 내는 것을 만들어 낼 것이다. 따라서, 그리스도인들에게 주로 강조되어야 하는 것은 속량에 따른 믿음 안에서 걸어가는 것이다. 그러나, 하나님은 필요를 충족시키고 믿는 자들이 하나님과 동행하는 것을 돕는데 교회 안의 은사를 사용하실 것이다.

  다윗이 골리앗에게 말했을 때, 어린 소년은 아주 심오한 말을 했다. 다윗은 두 가지 이유로 자기가 골리앗을 죽일 것이라고 말했다. 1) 하나님이 이스라엘에 살아 계신다는 것을 온 세상이 알 것이다. 2) 전쟁은 하나님께 속했으므로 하나님의 백성들은 칼과 창으로 싸우지 않는다는 것을 온 이스라엘이 알 것이다.

  하나님의 백성들이 진리에서 너무 멀어지게 되면 쉽게 관점을 잃게 된다. 기준은 항상 예수님이다. 그러나 아주 많은 사람들이 사회적 지위가 비슷한 사람들보다 약간 잘하고 있으면 그것에 만족한다.

  하나님은 교회를 깨우기 위한 모닝콜로 표적과 기사를 사용할 것이다. 그러나 성령의 은사의 진정한 목적은 세상에서 사역하는 것이다.

  성령의 은사는 그의 뜻에 따라 나타내신다는 것을 깨닫는 것이 중요하다(11절). 또한 성령이 기꺼이 우리를 대신하여 움직이신다는 것을 이해하는 것은 매우 중요하다. 그러므로 우리는 성령이 적은 일을 하기보다 더 많은 일을 한다는 것을 항상 믿어야 한다. 내가 이렇게 말하는 것은, 은사가 너무 적게 역사하는 것을 보면, 하나님이 은사로 우리와 함께 일하실 것을 기대하기가 아주 어렵다는 것을 알기 때문이다.

아마도 그렇기 때문에 사도 바울은 고린도전서 12장에서 이렇게 말하면서 시작한다. "나는 영적 선물들에 관하여 너희가 모르기를 원치 아니하노라."

영적인 것에 무지할 수 있는 한 가지 길은 성령의 은사로 정확하게 기능하는 법을 모르는 것이다. 우리는 항상 다른 사람들을 배려해야만 하고 성령의 은사를 촉진하기 위해 사랑 안에서 행해야만 한다. 육신이 동기가 되거나 우리 자신의 힘으로 일을 하려고 함으로 잘못된 영에 굴복한다면 문제에 봉착하게 될 뿐이다. 이것은 우리가 결과를 얻으려는 압박을 받고 있을 때 위험한 유혹이 된다. 성령 안에서 극적인 나타남을 추진하기보다 결과를 위해 말씀에 대한 믿음을 강조하는 것이 항상 더 낫다.

여기서 한 가지 생각을 덧붙이겠다. 어떤 의미에서, 우리는 성령은 항상 기꺼이 하신다고 말할 수 있다. 이 말이 과장되게 들릴지도 모르지만, 고린도전서 12:11을 보자. 성령이 성령의 은사가 필요하다고 보지 않으면, 항상 믿음에 기꺼이 반응하여 그의 능력을 나타내신다. 성령의 이러한 자발성은 우리 삶에 필요한 모든 것에 적용된다.

하나님은 우리의 기도에 응답하셔서 우리를 위해 움직이심으로 우리 믿음을 만족시키거나, 우리와는 독립적인 영적인 은사를 통해 우리를 위해 움직일 것이다. 어느 방식이든 하나님은 우리 삶에 그분의 뜻을 이루기 위해 만반의 준비를 하고 계신다.

다른 한편으로는, 우리는 영적인 것을 사용할 수 있다는 사실을 모르고 있을지도 모른다. 그런 경우, 우리는 성령이 우리 삶에 하기 원하시는 일을 놓칠 수 있다.

그러나 우리는 또한 중심을 지키기로 결단하고 하나님과의 관계를 통해 영적인 영역을 이해할 수 있다. 우리는 정확하고 준비되어 성령이 움직이실 때 성령과 함께 움직일 수 있다. 움직이시는 분은 성령이지만, 성령은 그분이 하시겠다고 약속하신 것을 기꺼이 행하신다.

예수님의 재생산 Replicates

마태복음에서 우리는 예수님이 제자들에게 더러운 귀신을 이길 권세와 모든 병과 질병을 치유할 권세를 주셨다는 것을 볼 수 있다.

주께서 자기 열두 제자들을 부르시어 그들에게 더러운 영들을 쫓아내며 모든 병과 모든 허약함을 치유하는 권세를 주시더라.   마태복음 10:1

누가복음에서 우리는 예수님이 제자들에게 모든 귀신을 이길 권능과 권세를 주셨다는 것을 역시 볼 수 있다.

그때에 그분께서 자기의 열두 제자를 함께 부르사 그들에게 모든 마귀를 제압하며 질병을 고치는 권능과 권위를 주시고.   누가복음 9:1(흠정역)

두 구절을 합쳐보면, 예수님이 제자들에게 모든 귀신을 쫓아내고 모든 병과 질환을 치유하는 권능과 권위를 주셨다는 것을 볼 수 있다.

예수님은 실제로 제자들이 모든 귀신과 모든 질병을 정복하게 하셨다. 예수님은 자신이 사역을 하시는 것과 똑같이 그분의 사역을 몇 번이고 재생산하셨다.

이 메시지는 처음에 열두 제자들에게, 다음으로 70인들과 합쳐서 82명의 사람들에게 주어졌다. 이것을 생각해 보라. 예수님이 속량의 값을 지불하기 전에 82명의 사람들이 모든 귀신을 쫓아내고 모든 질병을 치유하고 있었다!

제자들이 어려움을 겪어 예수님이 그 일을 교정해야 했던 귀신은 한 경우밖에 없었다(마 17:14-21). 그러므로, 예수님이 제자들을 보내셨던 일은 성공적이었다고 말할 수 있다. 처음 12명이 성공하지 못했다면, 예수님은 70명을 다시 보내지 않았을 것이다. 12명이 결과를 얻지 못했다면, 70명이 무엇을 얻을 것이라고 기대할 수 없었을 것이다.

그러나 우리는 70인들이 예수님의 이름으로 귀신들이 그들에게 순종했다고 기뻐하며 돌아왔다는 것을 안다(눅 10:17-20). 그들이 주님의 지시에 따라 예수님의 일을 하려고 했을 때 확실히 성공했다.

결코 포기하지 말라

여기에 주목할만한 몇 가지 생각이 있다. 예수님은 제자들이 그들에게 왔던 간질하는 아이를 고치지 못한 것을 책망하셨다는 것이다. 우리는 이 이야기를 마가복음 9:17-29에서 발견한다.

그 무리 가운데 한 사람이 대답하여 말씀드리기를 "선생님, 내가 벙어리 영을 지닌 내 아들을 선생님께 데려왔나이다. 그 영이 어디서든지 그를 붙잡기만 하면 그에게 발작을 일으키고 그는 거품을 내고 이를 갈며 초췌해지나이다. 그래서 내가 선생님의 제자들에게 그 영을 쫓아내어 달라고 말하였으나 그들은 쫓아내지 못하였나이다."라고 하더라. 주께서 그에게 대답하여 말씀하시기를 "오 믿음이 없는 세대여, 언제까지 내가 너희와 함께 있어야 하겠느냐, 언제까지 내가 너희를 참아야 하겠느냐? 그를 내게로 데려오라."고 하시니 그들이 그를 주께 데려오더라. 그가 주를 보자 즉시 그 영이 그에게 발작을 일으키니, 그가 땅바닥에 넘어져 구르며 거품을 흘리더라. 그때 주께서 그 아이의 아버지에게 "언제부터 이렇게 되었느냐?"고 물으시니, 그가 말씀드리기를 "어릴 때부터니이다. 그 영이 그를 죽이려고 종종 불에도 던지고, 물에도 던졌나이다. 그러나 주께서 무엇인가를 하실 수 있다면, 우리를 가엾게 여겨 도와주소서."라고 하니라. 예수께서 그에게 말씀하시기를 "네가 믿을 수만 있다면, 믿는 사람에게는 모든 것이 가능하니라."고 하시니 곧 그 아이의 아버지가 울부짖으며 눈물로 말하기를 "주여, 내가 믿나이다. 나의 믿음 없음을 도와주소서."라고 하더라. 예수께서 무리가 함께 달려오는 것을 보시고, 그 더러운 영을 꾸짖으시며 그에게 말씀하시기를 "벙어리이며 귀먹은 영아, 내가 너에게 명하노니 그에게서 나와 다시는 들어가지 말라."고 하시자 그 영이 소리지르고 그에게 심한 경련을 일으키며 나오더라. 그때 그가 죽은 자같이 되었으므로 많은 사람이 말하기를 "그가 죽었다."고 하니라. 그러나 예수께서 그의 손을 잡아 일으키시니 그가 일어나더라. 그후 주께서 그 집에 들어가시니 제자들이 은밀히 주께 묻기를 "어찌하여 우리는 그 영을 쫓아내지 못하였나이까?"라고 하니 그들에게 말씀하시기를 "이런 종류는 기도와 금식에 의하지 않고는 아무것으로도 내보낼 수 없느니라."고 하시더라.

제자들은 처음에 불신이 있었기 때문에 이 귀신을 쫓아내지 못했다. 이때까지, 그들은 이미 모든 종류의 귀신을 쫓아내는데 아주 숙달되어 있었다. 그러므로, 예수님은 그들이 실패한 것을 꾸짖지 않으셨고 포기한 것을 꾸짖으셨다. 기억하는지 모르겠지만, 예수님은 제자들이 모든 귀신들에 대한 권세가 있다고 말씀하셨다. 예수님은 제자들이 만나는 모든 귀신을 쫓아내기를 기대하셨다.

예수님이 거라사인의 지방에서 미친 사람에게 있는 귀신을 다루셨던 방식을 살펴봄으로 예수님의 사역에서 더 많은 것을 배울 수 있다 (막 5:1-8). 예수님이 귀신에게 미친 사람에게서 나오라고 말씀하셨으나 귀신은 여전히 그대로 있었다. 예수님이 처음 명령하셨을 때 귀신이 나오지 않았다고 당황하셨다는 기록은 없다. 그러나 예수님이 다른 곳에서는 하지 않으셨던 것을 하셨음을 볼 수 있다. 예수님이 귀신에게 이름을 물으셨다.

우리의 전통방식으로는 이상한 것 같다. 우리는 귀신을 쫓아낼 때를 제외하고 귀신에게 말하지 말라는 가르침을 받았다. 이 전체 장면은 왜 예수님이 제자들에게 이런 종류의 귀신을 사람에게서 나오게 하는 유일한 방법은 기도와 금식이라고 말씀하셨는지를 설명한다.

당신도 알다시피, 기도와 금식은 *하나님*을 바꾸지 못한다. 그것은 우리를 바꾼다. 영적인 것이 우리에게 점점 더 실재적일수록 우리가 영적인 것들에 굴복하기가 점점 더 쉬워진다.

예수님은 성령의 인도하심을 받고 귀신에게 이름이 무엇인지 물으셨다는 것이 확실하다. 그것은 정말 효과가 있었다. 즉시 예수님은 거라사에 사는 미친 사람 안에 거하고 있는 군대 귀신에게 명령하셨다.

제자들은 그 아이에게서 귀신을 쫓아내기 위해 무엇을 할지 알기 위해서 하나님의 인도를 받았어야 했다. 그들의 불신은 포기했을 때에야 드러났다. 그러나 이것은 예수님의 지시대로 제자들이 사역한 일에 대해 책망하신 유일한 기록이다. 그들은 분명히 예수님이 맡기신 임무를 훌륭하게 해내었다.

기름부음 의식 vs. 은사 의식

예수님이 제자들에게 하신 구체적인 명령을 좀 더 살펴보도록 하자. 마태복음 10:7, 8에서 예수님은 말씀하셨다.

가서 전할 때 '천국이 가까이 왔다.'고 말하고, 병든 자들을 고쳐 주고, 문둥병자들을 깨끗게 하며, 죽은 자들을 살리고, 마귀들을 내어쫓으라. 너희가 값없이 받았으니 값없이 주라.

예수님이 제자들에게 이 명령을 하셨을 때, 어떤 말을 *하지 않으셨 는지* 주목했는가? 나의 요점을 다른 식으로 말해야겠다. 성령의 은사에 대한 계시를 세상에 가져오기 위해 하나님이 사용한 사람은 누구셨 는가? 예수님이셨는가?

예수님이 성령의 은사에 대해 아무 말씀도 하지 않으셨던 것이 흥미 롭지 않은가? 은사의 활용을 논의했던 고린도전서 12:7-11에서 은사에 대해 말했던 사람은 *바*울이었다. 왜 바울이 그렇게 했을까? 고린도 교회가 은사에 대해 아무것도 몰랐기 때문이었을까? 고린도인들에게 보낸 바울의 첫 서신서에 있는 구절에 따르면 아니었다.

> 내가 예수 그리스도로 인하여 너희에게 주신 하나님의 은혜로 항상 너 희를 위하여 나의 하나님께 감사하노니 이는 너희가 그로 인해 모든 일, 곧 모든 말과 모든 지식에 부요해져서 그리스도의 증거가 너희 안에서 확고하게 되어 *너희가 아무 은사에도 부족함이 없이* 우리 주 예수 그리 스도의 오심을 기다림이라. 또한 그분께서 너희를 끝까지 확고하게 지키시어 우리 주 예수 그리스도의 날에 책망할 것이 없게 하시리라.
>
> 고린도전서 1:4-8

고린도 교회는 다른 어떤 교회보다 성령의 은사에 있어서 뛰어났다 는 것을 볼 수 있다. 바울은 은사의 활용을 교정하고 격려하기 위해 이 화제를 꺼냈다. 그래서 13장이 사랑에 대해 기록한 것이다. 13장은 사랑이 무엇인지 설명할 뿐 아니라 성령의 인도를 받는 최고의 길은 사랑이라는 것을 상기시켜 준다.

바울이 성령의 은사에 대해 한 번만 말했다는 것은 흥미롭다. 바울이 속량의 실재와 율법주의로 돌아가는 대신 계속 믿음 안에서 행해야 하는 필요성을 말했던 것처럼, 왜 모든 교회에게 성령의 은사에 대해 말하지 않았을까? 왜 바울은 사랑으로 행하는 능력이나 부부간의 친절과 형제간의 친절에 더 많이 집중했을까?

목록은 계속된다. 사도 바울이 자주 말했던 것은 많지만 성령의 은사는 거의 언급하지 않았다.

이제 예수님의 사역으로 돌아가 보자. 예수님은 성령의 은사에 관한 정보를 나누지 않으셨지만, 결과를 얻기 위한 지시를 할 때 아주 구체적이셨다. 예수님은 제자들에게 병자들을 고치고 문둥병자를 깨끗게 하며 죽은 자를 일으키라고 말씀하셨다.

성령의 은사를 잘 연구했던 사람들은 문둥병자를 깨끗게 하고 죽은 자를 일으키는데 반드시 은사가 필요하다고 말할 것이다. 필시 문둥병자를 깨끗게 하는데 기적의 역사가 필요하고 죽은 자를 일으키기 위해서 특별한 믿음과 기적의 역사와 치유의 은사라는 세 가지 능력이 필요하다.

그러면 왜 예수님이 이러한 영적인 도구에 대해 제자들에게 말하지 않으셨을까? 왜냐하면 예수님은 제자들이 무엇을 가졌는지, 그것으로 그들이 무엇을 할 수 있었는지에 더 강조점을 두셨기 때문이다. 예수님은 그들이 은사 의식이 아니라 기름부음 의식을 가지도록 도우셨다.

결과를 내는 사역

우리가 상황을 다루는데 필요한 은사에 따라 기적이 필요한 상황을 분류하면 우리 스스로의 자격을 박탈하는 것이다. 즉각적으로 왜 우리는 해야 할 일을 할 수 없는지 합리화하기 위해 이성적으로 생각하게 된다.

어쩌면 우리는 최근에 성령의 은사가 많이 나타나는 것을 보지 못해서 하나님이 우리와 함께 일할 것인지 아닌지 확신이 없을 수도 있다. 우리가 즉각적인 나타남을 보기 위해 은사가 필요하다고 생각한다면 특히 우리는 곤경에 처하게 될 것이다. 이런 태도는 우리가 구체적으로 하라고 들었던 일을 성공적으로 하지 못하게 즉각적으로 자격을 박탈시킬 것이다.

그러면 우리는 무엇을 해야 할까? 계속 사람들에게 말씀을 가르치고 조만간 그들이 말씀의 결과를 얻게 될 것이라고 신뢰해야 할까? 우리가 다음에 밟아야 할 단계를 모른다면 나는 더 나은 것을 생각할 수 없다. 그러나, 예수님은 이미 우리에게 무엇을 해야 할지 말씀하셨다. 예수님은 *병든 자를 고치라*고 말씀하셨는데, 그것은 당신이 병든 자를 고치라는 말씀이었다.

교회로서 우리는 예수님의 기준에서 너무 멀리 벗어나 우리의 불신과 전통을 의존하는 것을 인식하지 못한다. 우리는 우리의 사역을 예수님의 사역보다는 다른 사람의 사역에 근거해서 판단한다. 우리가 예수님의 삶과 사역을 진솔하게 바라보면, 부끄러워 머리를 숙여야만 하고 우리의 믿음과 담대함의 부족을 회개해야만 한다.

당신이 예수님의 제자였다면 예수님은 어떤 일에 실패하거나 실수하지 않으셨다는 것을 보는 특권을 누렸을 것이다. 사람들이 예수님을 믿었을 때 예수님은 항상 결과를 만들어 내셨다.

이것이 당신이 익숙한 유일한 사역 환경이었다면 어떠했을지 상상해 보라. 어느 날 예수님이 당신에게 갑자기 말씀하셨다. "나는 너에게 모든 귀신을 쫓아내고 모든 질병을 고치는 능력을 주노라." 그 소식을 어떻게 받았겠는가? 내가 확신하건대 대단한 흥분으로 받았을 것이다.

예수님은 제자들에게 거저 받았다는 것을 상기시켜주셨다. 이제 예수님은 그들에게 거저 주라고 말씀하셨다. 이 계시는 그들과 평생 함께했다.

사도행전 3:1-10에서, 베드로가 사도 요한과 함께 이 계시 안에서 활약하고 있는 것을 볼 수 있다. 베드로는 성전 문 앞에 있는 앉은뱅이에게 말했다. "내가 가진 것을 네게 주노니 예수의 이름으로 일어나 걸으라!" 그리고 앉은뱅이는 걸었을 뿐 아니라 성전을 돌아다니며 걷고 뛰면서 치유하신 하나님을 찬양하였다!

결과를 내는 예수님의 사역이, 사도들이 주님의 일을 했을 때 그들을 통해 계속적으로 살아 있었다. 그러나 거기에서 멈춰서는 안 된다. 말씀의 사역과 성령의 권세는 우리를 통해 오늘날에도 여전히 살아 있어야 한다!

당신이 기름부음 받았다는 것을 믿으라

예수님의 성공적인 사역 가운데, 그분은 제자들에게 기름부음의 계시를 주셨다. 그들이 받았던 것이 매번 예수님에게 역사했기 때문에 그들은 자신들이 무언가를 가지고 있다고 확신했다. 그러므로, 특별히 주님이 역사할 것이라고 말씀하셨다면 왜 그것이 그들에게 역사하지 않았겠는가?

그러나 예수님이 치유와 기적의 사역에 관련된 모든 것을 제자들에게 설명했었더라면, 그들은 담대하고 확신에 찬 믿음에서 물러났을지도 모른다. 베드로와 요한이 문둥병자에게 걸어가서 그를 치유하기 위한 올바른 은사가 있는지 없는지 의아해하는 모습을 상상할 수 있는가?

만일 그랬다면, 우리가 오늘날 사람들을 치유하지 못한다고 말하는 동일한 이유로 그들은 그 사람을 치유하지 못한다고 말했을 것이다. 이성의 영역은, 그들이 충분히 구비되지 않았다고, 성령 충만하지 않았다고, 성령의 은사 가운데 사용되기 위해 충분히 기도하거나 금식하지 않았다고 납득시켰을 것이다.

익숙하게 들리는가? 솔직히 "아니오"라고 말할 수 없지 않은가?

우리가 기름부음 받았다는 것과 예수님이 지불한 값이 충분했고 그분이 이루신 일이 완성되었다는 것을 반드시 믿어야만 한다. 우리는 예수님의 "복제품"이며 예수님의 형상으로 만들어졌고 예수님과 같은 일을 할 수 있다. 우리가 언제 그것을 믿을 것인가? 언제 그것을 볼 것인가?

담대하라, 믿는 자들이여! 성경을 믿어라. 종교의 마음의 게임에 휘말리지 말라, 전통은 당신을 강탈할 것이기 때문이다.

마귀가 오는 것은 도둑질하고 죽이고 멸망시키기 위함이라는 것은 당연하다. 마귀는 교회가 잠재력을 보기 원치 않는다.

"미루라."고 마귀는 당신의 마음에 속삭인다. "성령으로 충만하라. 더 열심히 일하라. 너는 아직 준비되지 않았다. 이 시대의 가장 영적인 사람들도 많은 일을 하지 않고 있는데 왜 *네가* 무슨 일을 할 수 있다고 생각해야 하나? 네가 필요한 것은 성령의 위대한 파도이다. 그것을 기다리라. 그것에 대해 기도하라. 그러나 그러는 동안에 중요한 일이 일어날 것을 생각하는 것은 어리석은 짓이다."

내 친구들이여 낙담하지 말라. 예수님은 생명을 주고 더 풍성히 얻게 하려고 오셨다는 것을 기억하라.

시대의 답은 시대의 신비이다. 그 신비는 당신 안에 계신 영광의 소망이신 그리스도시다. 예수님의 일은 다 이루어졌다. 당신의 삶에 관한 한, 마귀는 끝장났고 승리가 이루어졌다. 전투가 끝났고 당신은 어둠의 무리를 밟고 서 있다.

시대에 걸쳐 이 노래를 부를 것이다. "거룩하시도다, 거룩하시도다, 거룩하시도다, 전에도 계셨고, 지금도 계시며, 앞으로 오실 전능하신 주 하나님이여. 아멘."

담대하게 당신의 자리를 차지하고 당신이 하늘에서 온 선물이라는 것을 믿겠는가? 그리스도 안에서 당신이 누구인지와 당신이 생수를 가지고 있다는 것을 알기 위해 온 힘을 다해 노력하겠는가? 당신이 묶여있는 자들에게 당신이 가지고 있는 것을 줄 수 있다는 것을 확신하겠는가? 당신이 줄 것이 있다는 것을 알고 앞으로 나아가겠는가?

당신은 무엇을 믿을 것인가? 누구에게 순종할 것인가?

영원 전부터 모든 것 위에 뛰어나신 분이 있다. 그분이 당신의 결정을 기다리고 있다. 어서 하라. 당신은 그분을 신뢰할 수 있다. 세계 그 자체가 그분의 축을 따라 회전하고 있다. 그분이 당신이 누구라고 말씀하셨다면 당신은 그런 사람이다. 그분이 당신이 가지고 있다고 말씀하셨다면 당신은 가지고 있다. 그분이 당신이 할 수 있다고 말씀하셨다면 당신은 할 수 있다. 당신의 생각들이 합쳐지면, 그것은 내일 당신이 경험하는 것이 될 것이다.

당신은 기름부음 받았다! 담대하게 그것을 믿어라!

09
하나님은 항상 일하신다

하나님은 깨어 있기 위해 어떤 도움도 필요 없으시다는 것을 아는 것이 위로가 되지 않는가? 하늘에는 교대 근무가 없다. 하나님은 방어하고 보호할 준비를 하시고 항상 경계하고 계신다. 하나님은 결코 피곤하거나 지치지 않으신다.

> 내가 나의 도움이 오는 산들을 향하여 내 눈을 들어올리리니 나의 도움이 하늘과 땅을 지으신 주께로부터 오는도다. 그가 너의 발을 실족시키지 아니하실 것이며 너를 지키시는 그는 졸지 아니하시리로다. 보라 이스라엘을 지키시는 그는 졸지도 아니하시고 주무시지도 아니하시리라. 주께서는 너를 지키시는 분이시니 주께서 네 우편에서 네 그늘이 되시는도다. 낮에 해가 너를 치지 못할 것이며 밤에 달도 치지 못하리로다. 주께서 모든 악으로부터 너를 보호하시리니 그가 너의 혼을 보호하시리라. 주께서 너의 나가고 들어옴을 지금부터 영원무궁토록 지키시리로다.
>
> 시편 121:1-8

매일 매 순간 하나님은 활동적으로 이 땅에 하나님의 언약과 뜻을 계속 이루고 계신다.

> 이는 주의 눈은 온 땅을 두루 살피시어 자신을 향하여 마음이 온전한 자들을 위하여 자신이 강함을 보이심이니이다. 역대하 16:9

하나님이 혼자서 하나님의 계획과 목적을 이루실 수 있다면 아주 오래전에 그렇게 하셨을 것이다. 이 절에서 하나님은 하나님이 충분하고도 남는다는 것을 믿는 마음이 온전한 자들과 믿을만한 영혼을 찾고 계신다는 것을 주목하라. 하나님은 이런 사람을 통해 일하실 수 있다.

이 절의 맥락은 유다의 아사왕이 하나님 앞에 온전한 신뢰를 보여주지 못한 것으로 되어 있다. 앞서 에디오피아인들과 루빔인들이 그를 공격했을 때 아사왕은 하나님을 신뢰하였다. 그때 하나님은 적의 군대가 훨씬 많았음에도 유다를 적들의 손에서 구원하셨다.

그러나 이번에 다른 적이 와서 유다를 위협했고 선지자 하나니는 아사왕이 하나님 대신에 시리아 왕을 의지했다고 책망하고 있다. 이때 선지자가 이렇게 말한다. "주의 눈은 온 땅을 두루 살피시어 자신을 향하여 마음이 온전한 자들을 위하여 자신이 강함을 보이심이니이다."

하나님은 전심으로 하나님을 신뢰할 자를 기대하고 계신다. 하나님은 또한 큰 강함을 보이시면서 믿음을 주시려고 준비하고 계신다.

당신을 통해서 움직일 수 없는 것을 움직이기

주님이 당신을 위해서 강하게 움직이시는 것은 어떤 모습일까?

요한복음 3장에서 예수님이 니고데모와 영적인 것을 말씀하셨을 때, 그가 영적인 진리를 이해하도록 도우려고 자연적인 이해를 부득불 사용해야만 하셨다. 예를 들면, 성령과 성령의 일을 설명할 때, 예수님은 바람을 병행하여 사용하셨다. "바람이 임의로 불어서 네가 그 소리를 들어도 어디서 와서 어디로 가는지 알지 못하듯이 성령으로 난 사람은 모두 그와 같으니라."(8절)

우리가 바깥을 내다보고 바람의 세기를 결정하려면, 바람이 움직이고 있는 것을 보고 결정할 것이다. 우리가 "가벼운 미풍만 있어요."라고 말한다면, 나뭇잎이 거의 움직이지 않거나 풀이 부드럽게 날리는 것을 설명하는 것이다.

다른 한편으로, 우리가 강한 바람을 설명하고 있다면, 보통은 움직이지 않는 것이지만 지금 움직이고 있는 것과 관련해서 말하는 것이다. 예를 들면, 큰 나무가 바람에 흔들리고 있다면, 우리는 "바람이 *강하군!*"이라고 말할 것이다.

이제 그 예를 당신이 주님과 동행하는 것과 연관시켜 보자. 하나님이 당신을 통해 강하게 움직이고 계신다면, 당신의 삶에서 어떤 움직일 수 없는 것들을 움직이시겠는가? 암이나 억압이나 재정적 절망은 어떤가? 전투를 치르는 가운데, 때때로 이러한 장애물은 정말 움직이지 않을 것 같다.

그러나 주님이 얼마나 자주 당신을 통해 일하기를 *원하실까?* 당신이 하나님이 역사하시도록 자주 내어드리는 만큼 그리고 움직여야 하는 장애물이 있는 한 하나님은 역사하실 것이다.

의심에도 불구하고 한 사람을 구출하다

예수님은 요한복음 5장에서 유사한 것을 말씀하셨다. 여기에서 우리는 베데스다 연못에 있는 중풍병자에 대한 이야기를 본다. 병든 자들로 가득 찬 다섯 행각이 이 연못을 둘러싸고 있었고 이들은 주의 천사가 내려와 물을 동하여 주기를 기다리고 있었다. 물이 동하여졌을 때 처음으로 들어가는 사람은 어떤 병이 있더라도 치유되었다.

연못을 둘러싸고 있는 행각에 밀집해 있던 병자들은 그들의 구출방법을 선택한 것 같음을 주목하는 것은 흥미롭다. 그들은 믿고 행동하기 전에 무엇인가를 보기를 기다리고 있었다. 아마도 이것이 예수님이 다섯 행각에 있는 다른 병자들에게 가지 않으셨던 이유일 것이다. 예수님은 분명히 사람이 도움을 원하지 않을 때 믿음으로 행하게 하는 것이 매우 어렵다는 것을 아셨다.

그러면 예수님이 치유한 사람은 어떤 차이가 있었을까? 예수님은 그에게 가도록 인도함을 받으셨다. 병든 자들은 누구든지 예수님의 집회에 데려다줄 사람이 있었을 것이다. 그러나, 그들은 치유의 방법을 선택하였다. 그런 의미에서 물을 동하는 것은, 믿음의 부족과 믿기 위해 자연적 감각이 필요하다는 것을 나타낸다.

　이것은 오늘날 교회와 같다. 많은 그리스도인들이 치유에 대해 올바른 고백을 하지만 여전히 그들이 받은 것을 믿기 전에 증상이 바뀌기를 기다리고 있다.

　예수님이 연못에 누워있는 사람에게 다가갔을 때, 성령이 그 사람의 상황에 대해 지식의 말씀을 주셨다. 예수님은 그 사람이 38년이란 아주 오랜 시간 동안 그 상태로 있었다는 것을 아셨다. 그래서 예수님은 그 사람에게 물으셨다. "네가 낫기를 원하느냐?"(6절)

　그 사람의 반응은 믿음이 부족하다는 것을 보여준다. **"주여 물이 움직일 때 나를 못에다 밀어 넣어 줄 사람이 없나이다. 그래서 내가 가는 도중에 다른 사람이 내 앞에 내려가나이다."**(7절)

　이 이야기는 주님께 흥분해서 반응했던 소경 바디매오의 이야기와 아주 다르다. 베데스다 연못에 있었던 사람은 그에게 말하는 사람이 예수님이신 줄 몰랐다.

　내가 앞 장에서 언급했던 대로, 이 상황에서는 역사하는 성령의 은사가 있었다. 그 사람은 자기의 치유자가 예수님이라는 것을 믿지도 않고 치유되었다. 분명히 그는 예수님의 명령에 순종해야 했지만, 그 명령이 어려운 것이었는가? 그의 다리는 일어서기 전에 힘이 생겼다. 치유가 저절로 일어날 때는 누구나가 치유될 수 있다. 따라서, 여기서 믿음을 행사하지 않았다는 것이 명백하다.

항상 일하고 계시는 하나님과 함께 일하기

이후에 예수님이 자신을 그 사람에게 나타내셨을 때 그 남자는 예수님을 믿었다. 이 시점에서 일어난 일을 읽어 보자.

그러므로 유대인들이 예수를 박해하고 또 죽이려고 하였으니, 이는 주께서 이 일들을 안식일에 행하셨기 때문이라. 그러나 예수께서 그들에게 대답하시기를 "나의 아버지께서 지금까지 일하시니 나도 일하노라."고 하시더라. 그러므로 유대인들이 그를 더욱 죽이려고 하니, 이는 그가 안식일을 범했을 뿐만 아니라 하나님을 자기의 아버지라고 말함으로써 자신을 하나님과 동등하게 여겼기 때문이라. 그때에 예수께서 대답하여 그들에게 말씀하시기를 "진실로 진실로 내가 너희에게 말하노니, 아들은 스스로 아무것도 할 수 없으나 아버지께서 하시는 일을 본 것은 할 수 있나니 아버지께서 하시는 일은 무엇이나 아들도 그와 같이 행하느니라. 이는 아버지께서 아들을 사랑하시어 친히 하신 모든 것들을 그에게 보여 주심이며, 또 그분께서는 이보다 더 위대한 일들을 보여 주시리니 이는 너희로 놀라게 하려 하심이라. 아버지께서 죽은 자를 일으켜 살리심같이 아들도 자기가 원하는 자들을 살리느니라.

요한복음 5:16-21

16절은 예수님이 안식일에 자주 기적을 행하셨기 때문에 흔히 직면하셨던 상황을 설명한다. 이 경우, 유대인들은 바로 이 일로 인해 예수님을 죽이고자 했다. 예수님은 17절에 이렇게 말씀하시며 대답하셨다. **"나의 아버지께서 지금까지 일하시니 나도 일하노라."**

NIV 성경 번역본은 "내 아버지께서 지금까지 일하시므로 나도 일한다."고 말한다. 리빙 바이블은 말한다. **"내 아버지께서 쉬지 않고 선한 일을 하시니 나도 그대로 따라 하는 것이다."**

이 구절은 이 장의 서두에서 읽은 성경 구절을 보완한다. 그러나 우리 아버지가 항상 일하신다면, 왜 우리는 우리 삶에 더 많은 증거와 하나님이 일하고 계시는 사역을 보지 못하는 것일까?

다음 구절을 주목하라. **"나도 일한다."**(17절, NIV) 이것은 함께 일하는 아버지와 아들 사이에 연결이 있다는 것을 가리킨다. 아버지와 교회 사이에도 역시 유사한 연결이 존재할 수 있을까?

교회에 있는 우리는 담대하게 움직이기 전에 하나님이 움직이기를 아주 자주 기다리고 있기 때문에 이 질문은 좋은 질문이다. 예수님은 아버지는 항상 일하신다고 말씀하셨다. 그렇다면 우리의 두려움과 주도권 상실 외에 무엇이 모든 상황 가운데 하나님의 임재가 나타나는 것을 방해하는 것일까?

끈질긴 믿음은 결과로 보상받는다

나는 단지 하나님은 항상 일하신다는 것을 믿음으로 나의 사역에서 많은 결과를 개인적으로 경험했다. 내가 하는 역할은 에녹처럼 하나님을 기쁘시게 했다는 동일한 간증을 유지하면서 하나님과 동역하는 것이다.

> 믿음으로 에녹은 죽음을 보지 않고 옮겨졌으니, 하나님께서 그를 옮기셨으므로 다시 보이지 아니하니라. 그는 옮기우기 전에 하나님을 기쁘시게 하였다는 이 증거를 지녔느니라. 히브리서 11:5

하나님과 에녹 사이의 친밀한 관계는 어떻게 가능했을까? 첫째, 하나님이 *계시다*는 것에 대한 에녹의 믿음이었다. 히브리서 11:6은 에녹이 하나님과 동행한 것을 언급하면서 우리에게 말한다. **믿음이 없이는 하나님을 기쁘시게 할 수 없나니, 하나님께 나아가는 자는 그분이 존재하시는 것과 그분이 자기를 열심히 찾는 자들에게 보상하는 분이심을 마땅히 믿어야 하느니라.**

"해야만 한다must"라는 단어를 주목하라. 다른 무엇보다 더 우리는 하나님이 계신 것을 "믿어야만" 한다. 이 요점을 우리의 논의와 연관 지어 하나님이 항상 일하신다는 것을 반드시 믿어야 하는데, 그것이 우리에게 하나님과 동역하고 결과를 기대할 수 있는 권한을 준다.

6절 뒷부분은 우리가 하나님을 열심히 찾을 때 하나님은 우리에게 보상할 것이라고 말한다. 또는 그것을 이렇게 말할 수도 있다. 우리가 하나님이 말씀하신 것을 끈질기게 믿는다면, 결과를 보상받을 것이다. 예를 들면, 예수님은 믿는 자들이 병든 자들에게 손을 얹으면 나을 것이라고 말씀하셨다(막 16:18). 우리의 역할은 자연적인 영역에서 상황이 어떻게 보이느냐에 상관없이 이 일이 일어날 것을 믿는 것이다.

나는 끈질김으로 치유를 나타나게 한 많은 경험을 했다. 특별히 내가 기억하는 한 경우는 치유학교에서 일어났다.

예배에 참석한 한 여인이 유방암에 걸렸다. 그녀는 실제로 종양을 느낄 수 있었다. 나는 그녀에게 사역했고 감염된 부위를 검사하라고 보냈다. 그녀가 돌아왔을 때 종양이 이전 크기보다 절반으로 줄어들었기 때문에 아주 흥분하였다.

나는 그녀에게 말했다. "당신이 두 번 더 나간 후에 종양이 없어질 것입니다." 그것은 믿음의 명령이었다. 나는 그 여인에게 믿어야 할 말을 주기 위해 그렇게 선포하였다.

그 여인이 두 번째 돌아왔을 때, 그녀는 종양이 있던 자리에 뜨거움을 느꼈고 하나님의 능력이 역사하는 것을 느낄 수 있었다고 간증했다. 나는 그녀와 함께 기뻐하였다. 그리고는 나는 그녀에게 "당신은 두 번 더 나간 후에 종양이 없어질 것이다."라고 앞서 말했던 것을 상기시켜주었다.

마침내 나는 그녀를 마지막으로 보냈다. 그녀가 방으로 돌아왔을 때, 나는 그녀의 얼굴 표정이 종양이 없어지지 않았다고 말하는 것을 주목했다. 그래서 나는 우리 모두 그녀의 간증에 얼마나 흥분했는지 외치면서 기적의 여인에 대해 크게 "떠들어" 대었다.

그 여인이 통로를 반쯤 걸어왔다. 그리고는 그 부위가 아주 뜨거웠으나 종양은 여전히 있었다고 보고하려고 멈추어 섰다.

나는 나머지 사람들에게 감명을 주려고 강대상에서 내려가서 그녀에게 걸어가 소리쳤다. "나는 그것을 믿지 않아요. 말씀은 실패할 수 없어요."

그녀는 놀란 표정을 지으며 천천히 말했다. "글쎄요. 글쎄요. 종양은 여전히 거기에 있어요."

나는 집요하게 계속했다. "당신은 내가 앞서 말했던 것을 들었나요? 나는 두 번 더 확인해 본 후에 종양이 사라질 것이라고 말했어요. 바로 그 일이 일어났어요!"

그녀는 주변을 둘러보고 나를 보더니 다시 말을 더듬기 시작했다. 나는 그녀를 멈추게 하고 다시 말했다. "내가 *말했어요.* 당신은 두 번 더 나간 후에 종양이 사라질 것입니다. 이해했나요?"

갑자기 그녀에게 불이 켜졌다. 나는 그녀의 눈에서 볼 수 있었다. 그녀의 얼굴 전체가 변했다.

그녀는 말했다. "예, 이해했어요. 나는 종양이 사라진 것을 믿어요."

그리고는 돌아서서 방 뒤쪽으로 가서 한 번 더 확인했다. 그렇게 했을 때, 종양의 나머지 부분이 사라졌다. 하나님께 영광 돌린다!

그녀가 의사에게 갔을 때 의사의 진단은 그저 그 여인이 이미 알고 있었던 것을 확증할 뿐이었다. 하나님은 말씀을 확증하셨고 그녀는 완전히 치유되었다.

이 땅에서 예수님의 결과를 반복하기

예수님은 아버지는 항상 일하신다고 말씀하셨다. 어떤 사람은 이렇게 말할지도 모른다. "그렇지만 치유가 즉각적으로 일어나지 않으면 어떻게 됩니까?" 믿음에 대해 하나님께 감사드린다! 그렇기 때문에 우리가 받는 것을 믿는 것이다. 믿음은 답이 오기 전에 본 것으로 여기고, 그 답이 이미 완전히 나타난 것처럼 기뻐하는 것이다.

그러나 우리는 모두 예수님이 병든 자들에게 사역하셨을 때 누렸던 성공률을 달성하기 위해 반드시 노력해야 한다. 예수님은 병자들을 대부분 즉시 치유하셨다. 우리가 적은 것에 만족하면 예수님이 요한복음 14:12에서 말씀하셨던 것에 미치지 못할 것이다.

> 진실로 진실로 내가 너희에게 말하노니 나를 믿는 자는 내가 하는 일들을 할 것이요 또 이보다 더 큰 일들을 할 것이라. 이는 내가 내 아버지께로 가기 때문이라.

예수님은 우리가 하나님의 일을 할 때, 하나님이 하셨던 것과 다른 결과를 경험할 것이라는 생각을 우리에게 어디에서도 말씀하시지 않으셨고 남기지 않으셨다. 오히려, 예수님은 그리스도의 몸의 각 지체는 우리가 잃어버린 세상에 사역할 때, 예수님의 결과를 반복하게 되어 있다고 말씀하셨다.

우리를 우리 자신과 우리의 부족함에서 들어내어 우리 안에 목적의 힘을 창조하는 것이 예수님의 갈망이다. 믿는 자는 하나님의 능력이 그리스도의 삶에서 역사했던 것처럼 그의 삶에 똑같이 역사할 것인지 의문을 가져서는 안 된다. 결국, 하나님의 생명과 본성과 능력은 바로 그 목적을 위해 교회에게 주어진 것이다!

인류에 대한 하나님의 갈망은 그들을 구원하는 것만이 아니다. 하나님은 더 높은 목적을 가지고 계신다. 하나님은 그리스도인들이라 불리는 새로운 종족을 창조하고 계신다. 그들은 맏형인 예수님이 가지셨던 것과 같은 능력으로 충만하고, 예수님이 시작하셨던 일을 끝내라고 부름을 받은 사람들이다.

이것이 마귀가 하나님의 속량 계획을 이해했더라면 영광의 주님을 십자가에 못박지 않았을 이유이다(고전 2:8). 원수는 믿는 자들이 예수님을 죽은 자 가운데서 일으켰던 똑같은 권능과 능력을 부여받고 구비될 것이라는 사실을 너무 늦게 깨달았다.

하나님은 예수님을 일으키셨을 때 새로운 종족의 사람들이 시작되게 하셨다. 그 새로운 종족의 지체들로서, 우리는 단지 예수님이 하신 일을 할 수 있는 것만이 아니라 예수님이 하신 일을 하도록 명령받은 것이다.

항상 승리만 있고 패배는 없다

요한복음 5:17에서 예수님이 하신 말씀을 다시 보라. **"나의 아버지께서 지금까지 일하시니 나도 일하노라."** 빌립보서 2:13(AMP)은 하나님이 항상 일하신다는 이 진리를 확증한다.

> 이는 너희 안에서 내내 효과적으로 역사하시는 [너희 안에 힘을 주고 능력과 갈망을 만드시는] 분은 하나님이시기 때문이니 그분의 선한 기쁘심과 만족과 즐거움을 위해 뜻을 두고 행하신다.

"항상"이라는 단어에 대해 우리가 알 수 있는 것은 어떤 것이 있는가?

* 우리는 예수님이 결코 우리를 떠나지 않으시고 버리지 않으실 것을 안다(히 13:5). 그러므로 예수님은 항상 우리와 함께 하신다.
* 우리는 항상 모든 것에 충분하게 가지고 있다는 것을 안다(고후 9:8).
* 우리는 그리스도 예수 안에서 항상 승리한다는 것을 안다(고후 2:14).

이러한 위대한 약속들을 받았는데 실패의 여지가 있겠는가? 예수님은 아버지의 일을 할 수 있을지 없을지 의아해하면서 상황에 접근하지 않으셨다. 예수님은 결코 이렇게 말씀하지 않으셨다. "내가 하려고 하는 일이 실패하지 않기를 바란다."

예수님은 고향에서조차도 항상 절대적인 모습이셨다. 성경이 때때로 사람들의 믿음의 부족으로 기적을 행할 수 없었다고 말함에도(마 13:53-58), 예수님은 불신의 한가운데서 여전히 기적을 행하기를 원하셨다.

예수님은 일이 일어나지 않을 것을 생각하느라 한순간도 멈추지 않으셨다. 예수님의 영혼은 오로지 승리와 성공과 마귀의 일을 지배하는 권리만 알고 계셨다. 예수님 안에는 눈곱만큼의 실패도 없었다. 예수님은 영과 혼과 몸의 모든 영역에 신성한 목적을 받아들이셨다. 그리고 예수님은 제자들에게 가장 사소한 불신까지도 책망하셨다.

예수님이 너무 큰 기대를 하셨을까? 예수님이 너무 많이 요구하신 것일까? 아니다. 예수님은 하나님 안에서 성공하는데 필요한 것이 무엇인지 이해하셨을 뿐이다.

당신은 그리스도의 마음을 가지고 있다

이 장을 끝내기 전에 요한복음 5:18-21을 보도록 하자.

그러므로 유대인들이 그를 더욱 죽이려고 하니, 이는 그가 안식일을 범했을 뿐만 아니라 하나님을 자기의 아버지라고 말함으로써 자신을 하나님과 동등하게 여겼기 때문이라. 그때에 예수께서 대답하여 그들에게 말씀하시기를 "진실로 진실로 내가 너희에게 말하노니, 아들은 스스로 아무것도 할 수 없으나 아버지께서 하시는 일을 본 것은 할 수 있나니, 아버지께서 하시는 일은 무엇이나 아들도 그와 같이 행하느니라. 이는 아버지께서 아들을 사랑하시어 친히 하신 모든 것들을 그에게 보여 주심이며, 또 그분께서는 이보다 더 위대한 일들을 보여 주시리니 이는 너희로 놀라게 하려 하심이라. 아버지께서 죽은 자를 일으켜 살리심같이 아들도 자기가 원하는 자들을 살리느니라.

이 구절에서 예수님은 그분의 사역의 견습생으로서 우리가 성공할 수 있는 열쇠를 보여주셨다. 예를 들면, 19절에서 예수님은 그분이 하신 모든 것은 아버지가 하시는 것을 본 것이라고 말씀하셨다.

이것은 우리가 주님과의 관계를 발전시킬 때 약간 겁을 주는 말일 수도 있을 것이다. 우리는 우리가 도대체 하나님을 볼 수 있을지 없을지 의아해할지도 모른다. 그러나 예수님이 20절에서 열쇠를 주셨다. **"이는 아버지께서 아들을 사랑하시어…"**

아버지가 얼마나 당신을 사랑하시는가? 요한복음 17장에서 예수님은 아버지가 예수님을 사랑하시는 것처럼 하나님이 당신을 사랑하신다고 말씀하셨다.

20절 후반절에 있는 생각을 마무리하도록 하자. **"…친히 하신 모든 것들을 그에게 보여 주심이며."** 20절과 21절에서 예수님은 아직 이루어지지도 않은 일에 대해 얼마나 강조해서 말씀하셨는지 주목하라. 이것이 믿음의 입문이다. 예수님은 믿음으로 성령의 영역으로 들어가는 법을 입증하고 계셨다. 우리가 주님의 인도를 따라 주님이 생각하는 것과 같이 생각하기 시작하면, 당신과 나도 역시 확신을 지니고 이렇게 말할 수 있을 것이다. "아버지가 나를 사랑하므로 아버지가 친히 하신 모든 것들을 나에게 보여주신다."

나중에 예수님은 이것이, 성령이 우리 마음에 거하시기 위해 오신 목적 중 하나인 다가올 일들을 우리에게 보이시는 것이라고 말씀하셨다 (요 16:13).

당신은 이런 일이 일어나기를 기다리고 있는가? 그렇다면 당신은 언제나 기다리게 될 것이다. 오히려 당신은 이 신성한 약속을 반드시 진리로 받아들이고 고백하기 시작해야 한다. 그것이 진리인 것처럼 행동함으로 당신 것이 되게 하라. 당신이 그렇게 할 때, 하나님은 당신을 실망시키지 않을 것이라는 사실을 발견하게 될 것이다.

예수님이 20절에서 멈추지 않으셨다는 것을 주목하라. 예수님은 하나님이 **"너희가 놀라는"** 것보다 더 위대한 일들을 예수님께 보이실 것이라고 계속 말씀하셨다.

나는 당신이 바로 지금 예수님의 말씀이 당신에게도 역사할 수 있다는 것에 놀라고 있다는 것을 깨닫는다. 그러나 예수님은 인간으로서 모든 것을 행하셨다는 것을 기억하라.

물론, 예수님은 우리가 너무 잘 알고 있는 부정적인 생각들을 내려놓을 필요가 없으셨다. 그러나 아버지 하나님의 긍정적인 실재를 배워야 할 때가 왔을 때, 우리가 해야 하는 것처럼 그렇게 배우셨다. 예수님은 말씀과 기도와 교제와 아버지의 말씀에 의문을 갖지 않고 믿으려는 의식적인 선택을 통해 하나님과의 동행을 발전시켜 나가셨다.

고린도전서 2:16에서 바울은 우리가 그리스도의 마음을 가지고 있다고 말했다. 그러므로 그리스도의 마음을 가지는 것은 가능하다. 당신에게는 모든 것이 가능하다는 것을 믿으라고 권고한다. 하나님과 친밀한 관계 안에 있는 자신을 담대하게 보라. 확신을 지니고 하나님의 음성을 들을 것을 기대하고 당신의 삶에 나타나는 하나님의 일을 볼 것을 기대하라.

하나님은 예수님이 이 땅에서 걸으셨을 때 하셨던 일의 기록을 당신에게 주셨다. 그러면 왜 주님을 모방하지 않는가? 언젠가 그런 날이 오지 않을 것이다. 왜 오늘을 당신이 일을 변화시키는 날로 만들지 않는가?

당신의 믿음은 실재이고, 하나님도 실재이며, 올바른 결정을 내리는 당신의 능력은 불가능을 가능케 할 것이다!

10
하나님의 형상으로

하나님께서 말씀하셨다. "자, 이제는 우리의 모습을 닮은 사람을 만들자. 그래서 그 사람이 바다에 사는 물고기와 하늘에 날아다니는 날짐승과 집짐승과 땅 위에 기어다니는 모든 생물을 다스리게 하자." 그러고 나서 하나님께서는 만드신 분의 모습을 따라 하나님을 닮은 사람을 창조하시되 남자와 여자로 만드시고.   창세기 1:26, 27(TLB)

창조 첫째 날은 적시에 이루어진 대단한 사건이었다. 성경 말씀을 통해 돌아볼 때 창조의 진행 과정을 볼 수 있다. 하나님이 사람을 만드시기 전에, 우리가 집에 설비를 갖추는 것처럼 하나님은 이 땅을 완전히 갖추셨다(창 1:1-25). 하나님이 창조하신 모든 것은 창조주의 탁월함을 반영하였다. 그리고 그것은 모두 하나님의 창조의 정점인 인간을 위해 구상되었다.

첫째 아담

하나님이 모든 생물에게 같은 지시를 일관되게 주셨다는 것을 주목하는 것은 흥미롭다. 각각은 "자체"라는 말에 주안점을 두고 각 종류에 따라 재생산해야 했다. 하나님 스스로도 인간을 창조하심으로 하나님 자체와 같은 종류를 재생산하시면서 나머지 창조물도 그 본을 따르게 하셨다. 그리고는 인간에게도 똑같이 하라고 말씀하셨다.

> 그리하여 하나님께서 자신의 형상대로 사람을 창조하셨으니, 곧 하나님의 형상대로 그를 창조하셨으며 그들을 남자와 여자로 창조하셨느니라. 하나님께서 그들에게 복을 주시고 하나님께서 그들에게 말씀하시기를 "다산하고 번성하며 땅을 다시 채우고 그것을 정복하라. 그리고 바다의 고기와 공중의 새와 땅 위에서 움직이는 모든 생물을 다스리라." 하시니라.
>
> 창세기 1:27, 28

함축하고 있는 의미를 고려해 보면 이것은 정말 놀라운 생각이다. 하나님의 아들로 최초로 창조되었던 아담은 바로 하나님과 같이 만들어졌다. 이것은 적어도 하나님이 아담에게 주신 인간의 책임에 관한 한, 아담은 하나님과 같은 본성을 지녔고 하나님과 같은 능력을 지녔고 영과 혼과 몸이라는 존재의 구성도 하나님과 같았다.

하나님은 또한 인간을 하나님의 형상으로 지으셨다. 다시 말하자면, 아담은 하나님을 정확하게 반영하였다. 아담은 하나님과 같은 모습이었다. 그는 하나님처럼 말했다. 그는 하나님처럼 생각했다. 그는 하나님처럼 걸었다. 하나님이 영원한 신성 안에서 기능하는 것처럼, 인간은 땅에서 이 세상의 신으로 기능해야 했다.

하나님은 앞서 창조하셨던 모든 것과 누릴 수 있었던 교제의 깊이에 전적으로 만족하지 않으셨음이 틀림없다. 왜냐하면 하나님이 인간을 만드셨을 때, 그 순간까지도 존재했던 공허함을 채우셨기 때문이다. 인간은 하나님이 함께 거닐며 말씀하셨던 유일한 창조물이었다. 천사들은 그들도 본성이 영이라는 의미에서만 하나님과 같았다.

예수님은 세상의 기초가 놓이기 전에 죽임당한 어린 양이셨기 때문에 (계 13:8), 하나님은 틀림없이 인간에 대해 오랫동안 준비해 오셨을 것이다. 엿새 동안의 창조 가운데 하나님은 최고의 업적인 인간을 창조하기 위한 무대를 설정하셨다. 하나님은 그가 (비록 하나님은 *아니었지만*) 너무나 하나님과 같아서 그분의 수준에서 그분과 교제할 수 있는 인간이라는 독특한 존재를 수용하기 위해 모든 것을 세심하게 제자리에 배치하셨다.

그 신성한 계획의 막강한 중대함을 생각해 보라. 하나님의 마음이 이것을 아주 철저하게 숙고하고 아주 완벽하게 조직하였다. 계획의 모든 측면은 하나님이 원하셨던 대로 정확했다.

예수 그리스도, 둘째 아담

이 모든 것을 염두에 두고, 우리는 이제 때에 맞게 예수님의 시대로 나아갈 수 있다.

따라서 이와 같이 기록되었으니 "첫 사람 아담은 살아 있는 혼이 되었느니라" 함과 같이 마지막 아담은 살려 주는 영이 되었느니라.

고린도전서 15:45

예수님은 첫째 아담을 대신하셨다.

사망이 사람으로 말미암은 것같이 죽은 자의 부활도 사람으로 말미암는도다. 이는 아담 안에서 모든 사람이 죽은 것같이 그리스도 안에서 모든 사람을 살게 하려 함이라.

고린도전서 15:21, 22

첫 인간 아담은 죄를 통해 모든 피조물을 타락시켰고, 마지막 아담은 인류를 화해시키기 위해 오셨다. 아담이 실패한 곳에서 예수님은 승리하셨다.

하나님의 아들 아담Adam, A Son of God – 성자 예수님Jesus, God The Son

아담은 이 땅에 하나님의 표현이자 하나님의 모습이었다. 그가 하나님의 형상으로 창조되었다는 것을 기억하라. 히브리서 1:3은 예수님이 오셨을 때, 그분 역시 육신을 입은 하나님의 신성한 표현이었다고 말한다.

그는 하나님의 영광의 광채시며 그분의 인격의 정확한 형상이시고 그의 능력의 말씀으로 만물을 붙들고 계시며 친히 우리의 죄들을 정결케 하시고 높은 곳에 계신 위엄있는 분의 오른편에 앉으셨으니.

리빙 바이블은 예수님이 이전 사람 아담과 같이 하나님의 표현이었을 뿐 아니라 그분은 또한 하나님*이시라*는 것을 보게 해준다. 우리는 아담은 하나님의 아들이었고 예수님은 성자라는 기준점을 절대 잃어서는 안 된다.

하나님의 아들은 하나님의 영광으로 눈부신 광채를 드러내고 인격과 모든 행하신 일에서 하나님 그 자체임을 보이셨습니다. 그리고 그분의 전능하신 능력의 말씀으로 우주를 운행하고 계십니다. 그분의 아들은 우리의 모든 죄를 깨끗이 씻어 정결케 하시려고 죽으셨으며 지금은 지극히 높은 영광을 받아 하늘에 계신 위대한 하나님 오른편에 앉아 계십니다.   히브리서 1:3(TLB)

동시에, 인간의 역사에서 가장 이기심 없는 단 한 가지 대속 사역은 예수님이 인간이 되신 때임을 절대 잊지 말라.

궁극적으로 인간이 다시 하나님과 동일시할 수 있도록 예수님은 인간과 동일시하셨다. 예수님은 인간의 대리인이었다.

아담의 죄로 인해 우리가 잃어버리고 되찾을 수 없었던 모든 것을 우리의 주님이자 진리의 수호자이신 예수님이 회복하셨다. 예수님은 우리에게 영생과 평강을 회복시키면서 인간을 소망 없음과 절망에서 구출하셨다.

빌립보서 2:5-7(RSV: 표준새번역)에서 사도 바울은 이것이 어떻게 가능했는지 말하고 있다.

여러분은 이런 태도를 가지십시오. 그것은 곧 그리스도 예수께서 보여주신 태도입니다. 그분은 하나님의 모습을 지니셨으나 하나님과 동등함을 당연하게 생각하지 않으시고 오히려 자기를 비워서 종의 모습을 취하시고 사람과 같이 되셨습니다.

예수님은 인간으로 태어나서 하나님의 계획을 성취하기 위해 그분의 신성한 특권을 포기하셨다. 그러나 이것은 예수님이 하나님 되는 것을 막지는 못했고 하나님으로서 행동할 수 있는 이점을 제한했을 뿐이었다. 예수님은 이 땅에서 인간으로 행하기를 선택하셨다. 예수님은 이 모든 것을 우리를 위해 하셨고, 궁극적으로 우리를 죄의 종에서 구출하기 위해 생명을 희생제물로 드렸다.

심지어 어린 시절에도 예수님은 자신의 부르심을 이해하셨다. 열두 살 때 예수님은 자신이 하나님으로부터 왔다는 것과 하나님이 자신의 아버지라는 것을 아셨다. 누가복음 2:52은 예수님이 지혜가 자라가며 하나님과 사람의 호의 속에 자라가셨다고 말한다. 그사이 예수님은 사람의 아들로서 하나님 안에서 자신의 안정감을 계속 개발하셨다. 사실, 이것이 바리새인들에게 큰 충격을 주었던 예수님이 하나님과 동일시한 것이었다.

예수님이 계속해서 하나님을 아버지로 지칭하신 것은 바리새인들이 예수님과 충돌할 때 가장 악화시키는 유일한 문제였다. 요한복음 10:30에서 예수님은 실제로 **나와 내 아버지는 하나**라고 말씀하셨다. 31절은 예수님의 말씀에 대한 유대인들의 대답과 관련이 있다. **이에 유대인들이 돌을 들어 다시 그분을 치려 하거늘.** 이것은 하나님과 동등함을 주장한 인간을 멸망시키기 위해 결국 예수님을 십자가로 데려갔던 유대인의 욕망이었다.

나는 예수님이 아버지를 사랑스럽고 만질 수 있는 분으로 소개하신 방식을 좋아한다. 예수님은 아버지와의 친밀한 관계가 모든 믿는 자들에게 기준이 되어야 한다는 것을 그분의 삶에서 입증하셨다.

예수님은 또한 우리가 거듭났을 때 그저 영생을 받았거나 천국에 들어가는 영적인 표를 받은 것이 아니라는 것을 보여주셨다. 우리 영에 영생을 받을 때, 우리는 우리의 아버지로서 하나님과 거룩한 가족이 된다. 이것은 세상의 피조물에 대한 하나님의 전적인 목적이셨다. 하나님은 관계와 교제로 인간과 하나가 된다는 본연의 계획이나 궁극적인 목적을 망각하신 적이 없다.

이 땅에서 '하나님께 비유되다'

예수님은 그분이 도우셨던 일반인이나 세상에 의해서 십자가에 못박히지 않으셨다. 예수님은 그분이 아버지와 친밀하게 사는 것과 이 세상과 그 영향력을 통치하면서 행하는 것을 보면서 견딜 수 없었던 종교 지도자들에 의해 십자가에 못박히셨다.

종교는 인간의 견해에 휘말리게 되면 기준점을 잃고 순수성이 소멸된다. 그 결과, 종교는 하나님의 뜻과 마음과 싸우게 된다.

종교는 항상 인간의 마음 안에서 시작되어 하나님의 마음에서 권위를 빼앗으려고 한다. 종교는 결코 인간이 하나님 안에서 탁월하지 못하게 하는데, 이는 보아뱀과 같은 경향을 지니고 있기 때문이다. 그 뱀은 한 사람의 얼굴을 노려보면서 그에게서 생명을 짜낸다. 경건한 지혜와 진리의 조명을 떠난 종교적 관행은 치명적이다.

종교적인 사람들은 오늘날 여전히 우리 가운데 존재한다. 우리는 감히 속량의 가치를 자주 말하지 못하거나 우리의 자유에 관한 온전한 진리에 더 가까이 가지 못한다. 우리가 그렇게 할 때, 사람들이 하나님의 능력을 우연히 마주하기보다는 그 능력을 제 것으로 만들지 못하게 하며, 인위적인 이성의 장벽을 세우기를 선호하는 종교적인 사람들의 격렬한 반대를 견디는 위험을 무릅쓴다.

우리가 이 세상에서 하나님과 같이 행해야 한다고 성경이 말하는 것을 믿을 때, 어떤 그리스도인들은 우리가 좀 멀리 갔다고 말한다. 그리고 우리가 하나님 안에서 우리 자신의 운명을 실제로 결정할 수 있다고 선포할 때, 우리는 많은 믿는 자들의 눈에 분명히 "한계를 벗어난" 것으로 보인다.

정말 우리가 감히 우리 자신을 하나님과 동등하게 생각할 수 있을까? 확실히 우리는 하나님의 전지전능과 무소부재라는 전체적인 의미에서 우리 스스로를 하나님과 동등하게 여기지는 않는다. 그러나 그리스도의 몸으로서 우리가 개인적으로 전체적으로 이루도록 하나님이 명하신 구체적인 과업과 임무에 관련해서 우리는 하나님과 *동등하다*. 그것이 바로 인간을 위한 하나님의 특별한 계획의 본질이다.

다시 말하자면, 하나님이 우리를 위해서 일하고 계시는 것처럼, 우리는 이 땅에서 권한을 부여받았고 기름부음 받았으며 구비되고 위임받고 기능하도록 명령을 받았다. 왜일까? 하나님은 우리를 통해서 일하시면서 우리 *안에서* 성령으로 계시기 때문이다.

요한복음 10:30-38(TLB)에서 볼 수 있는 예수님과 바리새인들의 대화를 통해 이 생각을 더 발전시켜 보겠다.

"나와 아버지는 하나다." 그러자 유대인 지도자들은 다시금 돌을 들어 예수를 치려고 하였다. 그러자 예수께서 말씀하셨다. "하나님의 인도 아래 내가 많은 선한 일로 이 백성들을 도왔는데 무슨 까닭으로 너희는 나를 돌로 치려 하느냐?" 그들이 대답하였다. "선한 일을 해서가 아니라 하나님을 모독했기 때문이오. 당신은 평범한 인간에 지나지 않으면서 스스로 하나님이나 된 것처럼 말하고 있소." 예수께서 말씀하셨다. "너희 율법에도 내가 너희에게 신이라 하였다. 기록되어 있지 않으냐?

그러니 하나님의 말씀을 받은 사람들을 신이라고 한 성경이 틀린 것이 아니라면 어째서 아버지께서 구별하여 세상에 보내신 내가 '나는 하나님의 아들이다.' 라고 말한 것을 가지고 하나님을 모독한 것이라고 하느냐? 내가 하나님의 기적들을 행하지 않거든 나를 믿지 말라. 그러나 내가 하나님의 기적들을 행하거든 나는 믿지 못하더라도 그 일들은 믿으라. 그러면 아버지께서 내 안에 계시고 내가 아버지 안에 있다는 것을 너희가 깨달아 알게 될 것이다.

예수님과 아버지가 하나라는 주장을 지지하기 위해, 예수님은 재빨리 행하셨던 기적이나 일로 눈을 돌리셨다.

유대인들은 예수님이 행하신 놀라운 일로 하나님께 영광을 돌리지 않고 이른바 "범죄"라고 말하면서 예수님께 대답했다. 그들은 기적에 대해 개의치 않았고 그들이 신성모독이라고 여겼던 일에 대해 예수님을 정죄하고 있었다. 그들은 예수라고 부르는 이 사람이 하나님과 하나라 주장하고 하나님을 아버지라고 부르는 사실을 감당할 수 없었다.

다른 한편으로, 우리는 이 시나리오를 보고 예수님이 자신을 하나님으로 지칭한 것을 어렵지 않게 받아들인다. 그러나 예수님의 주장에 분개하는 것에 대한 반응으로 34절에서 예수님이 말씀하셨던 것을 들어보라.

예수께서 그들에게 대답하시기를 너희의 율법에 너희는 신들이라고 내가 말했다고 기록되지 아니하였느냐?

나는 예수님이 말씀하신 것에 대한 아주 좋은 설명이 있다고 확신한다. 나는 또한 원어가 이것들을 명확하게 해주고, 예수님이 말씀하신 것이 들리는 그대로의 의미로 말씀하신 것이 아님을 보여준다고 확신한다.

이 구절에서 "신god"으로 번역된 헬라어는 "하나님God"에 대한 단어와 같다. 이 두 단어의 차이를 조사해 보자.

2316 신적인 것theos[8]

1. 신이나 여신 : 신이나 신성에 대한 보편적인 이름

2. 삼위일체의 하나님, 삼위일체

    a. 아버지 하나님, 삼위일체의 첫 번째 인격

    b. 그리스도, 삼위일체의 두 번째 인격

    c. 성령, 삼위일체의 세 번째 인격

3. 유일하고 참된 하나님을 말하는 것

    a. 하나님의 일들을 지칭한다.

    b. 하나님의 조언, 관심, 하나님 때문에 생긴 일

4. 어떤 점에서든 하나님께 비유될 수 있는 것 또는 어떤 식으로든 하나님을 닮은 것. 하나님의 대표나 대리통치. 치안판사와 판사.

---

[8] 온라인 성경: Thayer의 헬라어 어휘, *Brown, Driver, Briggs*' 히브리 어휘 (캐나다 온타리오, Woodside Bible Fellowship, 1993)

예수님이 여기에서 "신"이라는 단어를 사용한 것을 유일하게 해석할 수 있는 것은 4번의 정의이다. 예수님은 우리가 "하나님께 비유되고" 어떤 식으로든 "하나님을 닮았다"고 말씀하셨던 것이다.

"대표"라는 단어가 이 정의에 사용된다는 것을 주목하라. 이것은 "신"이라는 단어를 새롭게 조명하는 듯하다. 초대교회의 대표들은 예수님처럼 행동했고 예수님처럼 말했으며 예수님이 하셨던 것처럼 하나님의 능력을 나타내었다. 사람들은 제자들이 평범한 사람인 줄 알았다가 제자들의 담대함과 권위로 보아 그들이 예수님과 함께 있었음을 구분할 수 있게 되자 놀랐다.

제자들은 예수님과 똑같이 행동하고 있었다. 그것은 마치 예수님이 이 땅을 전혀 떠나지 않으신 것 같았다. 심지어 우리는 이 땅에 예수님을 그대로 복사한 자들이나 예수님의 "복제품"인 자들이 많이 있었던 것 같다고 말할 수 있다.

이 땅에 수많은 예수님의 대표들 때문에, 왜 마귀가 "내가 무슨 생각을 하고 있었지? 영광의 주를 십자가에 못박지 말았어야 했는데."라고 말하면서 고개를 저을 수밖에 없었는지 쉽게 이해할 수 있다.

우리의 신성한 위임

마가복음 16:15-20에서 보듯이 그리스도의 몸으로서 우리는 예수님의 일을 하도록 위임받는다.

또 주께서 그들에게 말씀하시기를 "너희는 온 세상에 가서 모든 피조물에게 복음을 전파하라. 믿고 침례를 받는 자는 구원을 받을 것이나 믿지 않는 자는 정죄함을 받으리라. 믿는 자들에게는 이러한 표적들이 따르리니, 즉 내 이름으로 그들이 마귀들을 쫓아내고 또 새 방언들로 말하리라. 그들은 뱀들을 집을 것이요, 어떤 독을 마실지라도 결코 해를 입지 않을 것이며, 병자에게 안수하면 그들이 회복되리라."고 하시더라. 그리하여 주께서 그들에게 말씀하신 후, 하늘로 들리움을 받아 하나님의 오른편에 앉으셨더라. 그후 제자들이 나가서 곳곳마다 전파하니 주께서 그들과 함께 역사하시고 또 따르는 표적들로 말씀을 확고하게 하시더라. 아멘.

웹스터 사전에서 "위임되다"라는 단어는 "여러 가지 행동이나 의무를 수행할 능력을 부여하는 공식적인 명령을 의미한다. 그것은 규정된 방법으로 행동하거나 규정된 행위를 수행하라는 승인이나 명령이다."[9]

우리가 이 땅에서 하나님께 비유되거나 어떤 식으로든 하나님을 닮았다면, 하나님이 하시는 것처럼 하도록 승인받거나 위임받은 하나님의 일을 우리가 할 수 있는 것일까? 아니면 더 정확하게 말해서 우리가 예수님이 하셨던 일을 그대로 할 수 있을까? 예수님 자신이 요한복음 14:12에서 "내가 행하는 그 일들을 너희도 할 것이라"고 말씀하셨을 때 그 질문에 대답하셨다.

---

9) 웹스터의 신입생 사전, 교사 주석본(매사추세츠, 스프링필드: G & C Merriam Co., 1969), p. 163.

어떤 의미에서, 위임받은 일을 이루기 위해 보냄을 받는 것은 "승인된 대표나 전달자"10)라는 뜻의 "대사"가 되는 것이다. 대사의 지위는 대표하는 자의 마음과 메시지를 가지고 수행되고, 일을 이루기 위해 권능과 힘으로 보강된다.

고린도후서 5:20에서 우리는 하나님이 예수님을 통해 우리에게 세상에 메시지를 전하는 임무를 수행하도록 임명하거나 보내셨다는 것을 읽는다.

그러므로 이제 우리는 그리스도를 대신한 대사들로서 하나님께서 우리를 통하여 너희를 권면하신 것같이 우리도 그리스도를 대신하여 너희에게 간구하노니 너희는 하나님과 화해하라.

본질적으로, 이 말씀에서 하나님은 우리가 다른 사람들에게 가서 그들이 하나님과 화해하도록 강력히 권고하라고 위임하신다. 하나님은 그분이 보내시는 사람들에게 하나님의 메시지를 가져가는데 필요한 모든 것을 공급하는 책임을 지신다. 우리가 염려할 것은 절대적으로 아무것도 없다. 하나님이 우리를 그분의 대사로 어디든지 보내신다면, 하나님은 우리 여행비용을 지불하시고 하나님의 메시지를 지원하고 옹호하기 위해 증거와 도구로써 전적으로 우리를 뒷받침하신다.

---

10) 웹스터의 신입생 사전, 교사 주석본(매사추세츠, 스프링필드: G & C Merriam Co., 1969), p. 27.

우리의 영적 권세

하나님이 제공하는 영적 도구의 일부는 하나님의 이름으로 말하고 하나님을 대신하여 행동하는 권세이다. "권세"라는 단어는 법적 용어인데 다른 사람을 대신하여 행동하는 권리와 능력이 부여된다는 의미이다. 헬라어는 *엑수시아exousia*인데, "권세(영향력)의 능력과 권리(특권)의 능력, 지배 또는 통치의 능력(그의 뜻과 명령은 다른 사람들이 반드시 복종해야만 하고 순종해야만 하는 능력)"[11]으로 정의된다.

믿는 자들로서 얼마나 많은 신성한 권세를 우리 마음대로 사용할 수 있을까? 예수님이 하늘로 승천하기 전에 하신 마지막 말씀을 생각해 보라. 역대 최대의 전투에서 갓 나오셔서 무덤에서 득의양양하게 일어나신 후에 반박의 여지가 없는 승리자로 부상하신 예수님은 선포하셨다. **"하늘과 땅의 모든 권세를 내게 주셨으니."**(마 28:18 NIV)

예수님이 하늘과 땅의 모든 권세가 그분께 주어졌다고 말씀하신 것을 주목하라. 이제 바로 그 권세가 이 땅에서 하나님의 뜻을 수행하기 위해 예수 이름으로 우리에게 위임되었다.

이 진리를 감안할 때, "권세"라는 말의 정의를 "너희는 신들이라"고 하신 예수님의 말씀과 관련해서 볼 수 있을까? 확실히 그렇지만, 정말로

---

11) *Biblesoft's New Exhaustive Strong's Numbers and Concordance with Expanded Greek-Hebrew Dictionary*(Biblesoft and International Bible Translators, Inc., 1994), No. 1849

예수님이 말씀하셨던 것이 진리의 타당성을 지니고 있다면, 하나님이 우리에게 엄청난 책임을 맡겨 주셨기 때문에 우리는 반드시 우리의 자리를 취해야 한다. 예수님이 이 땅에서 행하셨을 때 했던 것처럼 우리는 마귀와 마귀의 일을 완전히 통치하면서 행해야 한다.

이 질문을 해야 한다. "하나님의 아들들로서 우리의 권세가 너무 어마어마해서 우리가 그저 이 진리의 겉만 핥고 있을까?"

실제로, 예수님이 이 땅에 오신 바로 그 이유는 인생에서 하나님의 아들들로서 우리가 행해야 하는 법을 보여주기 위해서였다. 그것은 우리 인성에 신성이 거하게 하는 것, 즉 인간의 영 안에 거하는 하나님의 영으로 행하는 것이었다.

오직 하나님만이 이 마지막 시대에 반드시 이해되어야 하는 진리의 충만함을 알고 계신다. 때에 맞게 효과적으로 추수에 이르기 위해 충분한 메시지가 반드시 적용되어야 한다. 하나님은 담대하게 나아가 하나님이 그들에게 주신 사명을 성취할 믿는 자들의 군대가 필요하다. 나는 이 책이 당신을 행동하게 하는 "아드레날린" 역할을 하면서 영적 군대의 일원으로서 당신의 자리를 취하도록 자극을 주기를 기도한다.

생산하는 인간의 창조적 능력

모든 것을 고려해볼 때, 우리는 예수님이 이 땅에서 우리를 위해 이루신 일과 다른 한편으로, 그것이 우리에게 뜻하는 바의 완전한 의미를 이해하는 특권을 누릴 것이다. 그러나 지금으로서는 예수님이 요한복음 10:34에서 말씀하신 것을 다시 한번 유심히 보기를 권한다. **"너희 율법에 너희는 신들이라고 내가 말했다고 기록되지 아니하였느냐?"** 그런 다음 스스로에게 이 질문을 하라. "예수님이 누구에 대해서 그리고 누구에게 이런 말씀하시는가?"

우리는 믿는 자들로서 이 말에 다소 편안함을 느낄만한 충분한 증거를 알아내었다. 그러나 예수님이 이 말씀을 하셨을 때는 회개치 않는 사람들에게 말씀하셨다는 사실은 어떤가? 이 사람들은 거듭나지 않았다. 사실, 다른 구절에서 예수님은 그들을 위선자와 그들의 아비 마귀의 자식들이라고 부르셨다. 어떻게 그럴 수가 있을까? 아마 우리는 예수님이 믿는 자들을 "신들"이라고 부르신 것은 받아들일 수 있겠지만 구원받지 않은 자들을 "신들"이라고 부르셨던 사실은 어떻게 설명할 수 있을까?

하나님은 인간을 하나님의 원래 계획에 비추어 보시는 것을 멈추지 않으심을 반드시 이해해야 한다. 하나님은 인간을 하나님의 형상과 모습대로 만드셨다. 심지어 회개치 않는 자들도 여전히 하나님의 틀 안에 있다. 그들은 영이며(물론 그들은 하나님의 본성에 참여한 자들이 아니지만) 혼을 가지고 있고 몸 안에 살고 있다. 그들은 잘못된 길을 가고 있으나 여전히 그들의 존재의 권능을 나타낼 능력을 지니고 있다. 그들은 믿는 것과 행동하는 것을 창조할 수 있다.

이러한 의미에서, 인간을 제빵 기계와 비교할 수 있다. 우리는 원하는 제품을 만들기 위해 제빵기에 필요한 재료를 넣어야만 한다. 최종 결과는 사용된 재료에 따라 바뀔 수도 있다.

이것은 우리 모든 사람에게도 마찬가지이다. 우리는 하나님과 너무 닮아서 우리가 생각하거나 묵상하는 것은 무엇이나 우리의 행동에 영향을 미친다. 우리의 영과 혼의 메커니즘은 그런 식으로 기능하도록 설계되었다. 그러나, 우리가 생산하는 것은 우리 삶에 어떤 종류의 재료를 허용하는가에 근거한다.

일단 재료가 제빵 기계에 들어가면 우리는 기계를 켜기만 하면 되고, 밀가루를 반죽하고 온기를 주는 메커니즘의 작동은 놀랍게도 빵을 생산해 낼 것이다.

유사하게, 우리가 진리로 받아들이는 것을 확신하게 되면, 우리는 믿는 것을 따라 행동하기 시작한다. 결국, 우리는 그러한 핵심 신념의 결과를 만들어 낸다. 왜냐하면 하나님이 그렇게 하도록 우리의 본성을 고안하셨기 때문이다. 디모데전서 5:24, 25은 좋든 나쁘든 결과를 창출하는 인간의 창조적인 능력의 원리를 보여주는 좋은 참고 말씀이다.

어떤 사람들의 죄들은 먼저 드러나서 먼저 심판으로 나아가고 또 어떤 사람들은 그 뒤를 따르나니 이와 같이 어떤 사람들의 선행도 먼저 드러나고 그렇지 않은 자들도 숨길 수 없느니라.

마가복음 11:23도 역시 인간의 창조적인 본성을 언급한다.

진실로 내가 너희에게 말하노니 누구든지 이 산더러 옮겨져 바다에 빠지라고 말하고 그의 마음에 의심하지 않으며 그가 말한 것들이 이루어지리라고 믿으면 말한 것은 무엇이든지 이루어지리라.

시편 8:4, 5은 하나님이 인간을 창조적인 본성을 지니도록 지으셨고 하나님보다 조금 못하게 창조하셨다고 확정한다.

사람이 무엇이기에 주께서 그를 마음에 두시며 인자가 무엇이기에 주께서 그를 돌보시나이까 주께서 그를 천사들보다 조금 낮게 지으셨으며 영화와 존귀로 그에게 관을 씌우셨나이다.

"천사들"이라는 영어 단어는 "하나님, 신과 같은, 통치자, 심판자, 천사들 혹은 신들"을 뜻하는 엘로힘이라는 히브리 단어를 번역한 것이다.[12] 모든 인류는 이러한 높은 지위에 포함되는데 이는 심지어 타락한 인간도 여전히 천사들보다 지위가 높다는 의미이다.

죄인은 하늘의 자산을 잃은 것이고 그의 본성은 그리스도의 속량 사역이 없다면 영원히 상실된다. 그러나 그는 의지를 지니고 이 땅에서 그 의지를 행사할 능력을 가지고 창조되었다. 모든 사람이 하나님이 제공하신 구원을 받아들이는 것이 하나님의 궁극적인 뜻임에도 하나님이

---

[12] 온라인 성경 : *Thayer*의 헬라어 어휘, *Brown, Driver, Briggs*' 히브리 어휘 (캐나다 온타리오, Woodside Bible Fellowship, 1993)

그렇게 되도록 할 수 없다면, 마찬가지로 인간이 원수에게 충성을 바치지 않는 한 마귀가 인간을 지배할 수 없다는 것은 확실하다.

불행히도, 우리는 종종 마귀가 얼마나 잘 그리스도인들과 비그리스도인들을 똑같이 멋들어지게 속이는지를 인식하지 못한다. 그렇다. 세상은 저주를 받았고 마귀는 영원히 상실한 자들의 아비이다. 그러나 하나님은 그분이 환경의 주인인 것처럼, 인간을 환경을 통치하고 다스리도록 만드셨다. 그리고 그렇게 할 수 있는 능력은 타락으로 인해 상실되지 않았다. 하나님 앞에 올바르게 그리고 하나님의 신성한 계획에 따라 행하는 그 능력은 여전히 남아있으나 거듭난 종족의 몫일 뿐이다.

원수의 눈가리개를 찢다

고린도후서 4:3, 4은 왜 우리가 다음 진리를 명확히 해야 할 필요가 있는지 말해준다. 우리는 원수의 눈가리개를 찢고 하나님이 우리를 창조하신 본연의 모습이 될 수 있도록 우리 자신에 대한 확신을 세우기 시작해야 한다.

그러나 만일 우리의 복음이 가려졌다면 그것은 구원받지 못한 자들에게 가려진 것이라. 그들 가운데 이 세상의 신이 믿지 않는 자들의 마음을 어둡게 하여 하나님의 형상이신 그리스도의 영광스러운 복음의 광채가 그들에게 비치지 못하게 하느니라.

이 말씀에서 마귀가 "이 세상의 신"이라고 불리는 것을 주목하라. 이 시점에서 너무 많은 신들이 있는 것 같다! 그러나 마귀의 진짜 위치는 무엇인가?

하나님이 아담을 만드셨을 때, 아담에게 하나님의 손으로 만드신 모든 작품에 대해 절대적인 통치를 주셨다는 것을 기억하라. 그러나 오늘날 누군가가 통제한다면 그것은 마귀인 것 같다. 그러나 앞에서 언급했듯이 인간은 마귀보다 지위가 높으므로 경쟁은 없어야 한다.

그러면 왜 마귀가 그의 거짓말로 이 세상 시스템을 지배하는 것처럼 보일까? 누가복음 4:5-7에 나오는 예수님의 시험이 이 질문에 답하는 데 도움이 된다.

또 마귀가 주를 높은 산으로 데리고 가서 잠깐 동안에 세상의 모든 나라들을 보여 주더라. 그리고 마귀가 주께 말하기를 "내가 이 모든 권세와 그것들의 영광을 너에게 주리라. 그것이 나에게 넘겨졌으므로 내가 원하는 자에게 줄 수 있느니라. 그러므로 네가 내게 경배하면 모든 것이 너의 것이 되리라."고 하니.

첫째, 마귀는 이 세상 모든 것에 권세를 가지고 있다고 말했다. 그가 거짓말하는 것이라면, 이 시험은 합법적이지 않았을 것이다. 사탄은 권세가 자기에게 넘겨졌고 원하는 자는 누구든지 줄 수 있다고 말했다.

마귀는 어디서 이 권세를 얻었을까? 우리는 원수의 전적에 근거해서 이 질문에 답할 수 있다. 즉, 그는 그 *권세를 훔쳤다*. 그러나 모든 것이

나빠지기 전에 권세를 가지고 있던 자는 바로 아담이었다. 타락 전에 아담은 너무 강력해서 마귀가 아담에게서 어떤 것도 훔칠 수 없었다. 따라서, 상황은 분명하다. *아담이 죄를 지었을 때, 하나님이 그에게 주셨던 권세를 마귀에게 넘겨주었다.*

하나님에 대한 권세를 빼앗는 것이 언제나 마귀의 의도였다. 그는 하늘에서 그렇게 할 수 없어서 땅에서 그 일을 착수하였다. 하나님은 아담에게 동산을 지켜야 하는 그를 대적하고 하나님이 그에게 제공하신 모든 것을 훔치려고 시도하는 원수에 대해 경고를 하셨다. 이 자가 바로 사탄이었다.

죄의 본성을 이용하고 인류를 지배하기 위해 이 땅에서 권세를 사용하는 것이 항상 원수의 계획이었다. 그러나 우리가 연구한 대로, 인간은 여러 방식으로 자신의 운명을 결정할 잠재력을 지니고 있다. 심지어 타락한 인간조차도 어려움에서 자신을 보호할 수 있는 결정을 내릴 수 있다.

그러나, 믿지 않는 자들의 본성이 죄로 인해 타락했기 때문에 좋은 결정을 내리는 판단 기준이 없다. 증오와 이기심이 그의 생각과 욕망을 다스려 하나님의 뜻에 지속적으로 거역하게 된다. 믿지 않는 자들은 의지를 길들이고 육신이 악행을 탐닉하지 않도록 억제할 수 있지만, 그 본성은 여전히 하나님께 반기를 든다.

이런 현실을 볼 때, 왜 그리스도인들이 하나님의 힘과 성품과 본성으로 이 상실된 세상 가운데서 일어나 자신과 환경을 위대함으로 옮기지 않을까? 왜 이 세상의 요소들에 통치를 행사하는 것이 매우 어려운 것처럼 보일까? 아주 많은 그리스도인들이 직면하는 패배의 위기는 끝이 없을까?

마귀의 속임수가 우리의 핵심 신념을 지배하고 우리 의식의 초점으로 남아있는 한, 가장 높으신 분의 아들과 딸들인 우리는 사탄이라는 존재의 쓰레기에게 영원토록 복종하게 될 것이다.

강한 자들의 모임에 순복하기

이제 하나님이 시편 82:1-8(흠정역)에서 말씀하시는 것을 들어라.

하나님께서는 강한 자들의 회중 안에 서시며 신들 가운데서 심판하시는도다. 너희가 어느 때까지 부당하게 재판하며 사악한 자들의 외모를 취하려 하느냐? 셀라. 가난한 자들과 아버지 없는 자들을 보호하고 고난 당하는 자들과 궁핍한 자들에게 정의를 베풀며 가난한 자들과 궁핍한 자들을 건지고 그들을 사악한 자들의 손에서 빼낼지어다. 그들은 알지도 못하고 깨달으려 하지도 아니하며 어둠 속에 다니나니 땅의 모든 기초가 궤도를 벗어났도다. 내가 말하기를, 너희는 신들이라. 너희는 다 지극히 높으신 이의 아이들이라, 하였으나 너희는 사람들같이 죽을 것이요, 통치자들 중의 하나같이 넘어지리로다. 오 하나님이여, 일어나사 땅을 심판하소서. 주께서 모든 민족들을 상속하시리이다.

이 구절은 예수님이 우리를 모두 "신들"이라고 말씀하시면서 인용하신 구절이다. 첫 번째 절은 하나님(혹은 엘로힘)은 강한 자들의 회중이나 모임 가운데 서 계신다고 말하는데, 이것은 바로 하나님과 같은 자들을 뜻한다. 그곳에서 하나님은 복수 형태인 엘로힘 가운데 심판하신다.

심판의 부당함에 주목하라. 이것은 하나님이 거듭난 교회 성도들이 아니라 이스라엘 백성들에게 말씀하고 계시는 것을 가리킨다. 하나님이 올바르게 심판하도록 자문을 주고 계시는 것 같다. 4절과 5절에 있는 그들의 심판은 모두 궁핍한 자들에게 베푼 정의와 관계가 있다. 보호가 필요한 사람들은 누가 도와주지 않으면 경로를 바꿀 수 없는 듯하다.

하나님이 이스라엘 자손들의 리더들에게 말씀하고 계신 것 같다. 뒤에 6절에서, 하나님은 돌봄을 받는 사람들이 지극히 높으신 분의 자손들이라고 명시하신다.

예수님이 바리새인들에게 말씀하실 때 그들에게 "나는 너희가 신들이라고 말했다."고 하신 것을 기억하라. 이것은 하나님은 그분의 백성들의 리더들을 "신들"로 보신다는 것을 가리킨다. 이 맥락에서 "신들"은 올바른 결정을 내릴 책임이 있는 사람들을 의미한다.

하나님의 개입이 없다면 그분의 계획을 따르는데 의지할 수 있는 것이 없는 혼란스러운 세상 가운데, 하나님은 그분의 백성을 하나님의 선하심을 나타내는 권세의 자리에 두신다. 6절에서 하나님은 시편의 요점을 되풀이하신다. **"내가 말하기를 너희는 신들이다."**

이것이 하나님의 생각의 주된 강조점이 아니라면 왜 하나님이 두 번이나 말씀하셨겠는가? 이 말을 듣는 자들이 이 말씀으로 더욱 격려를 받을 필요가 있었을 수도 있다.

"신들"이 말하지 않으면 구출도 없을 것이다. 사실, 정반대의 일이 일어날 것이며 모든 이들이 보통 사람들처럼 죽을 것이다. 다시 말하자면, 구출하고 보호하기 위해 다른 사람들을 통해 신성한 도움이 제공되지 않으면 모든 인간은 망한다.

나를 믿어라, 그렇지 않으면 내가 한 일을 믿어라

예수님이 바리새인들의 비난을 직면했던 이야기를 다시 살펴보도록 하자. 다시금 예수님은 하나님의 아들이라는 주장을 증명하기 위한 본질적인 근거로 예수님이 하신 일을 언급하셨다. 이번에 예수님은 요한복음 10:37, 38에서 보는 대로 불리한 입장에 처하셨다.

> 만일 내가 내 아버지의 일들을 하지 아니한다면 나를 믿지 말라. 그러나 내가 행한다면 비록 너희가 나를 믿지 않는다 해도 그 일들은 믿으라. 그리하면 아버지께서 내 안에 계시며 또 내가 그분 안에 있는 것을 너희가 알게 되고 또 믿게 되리라."고 하시니라.

예수님은 하나님의 아들로서 진위성에 대한 도전을 그분이 하나님의 일을 했는지 아닌지에 기초하여 기꺼이 받아들이고자 하셨다. 예수님의 확신의 힘이 얼마나 강한지 듣는가?

오늘날 얼마나 많은 사람들이 기꺼이 "내가 하나님의 일을 행하지 않는다면 나를 믿지 말라."고 말할까?

예수님은 계속 말씀하셨다. "내가 하나님의 일을 하면, 너희가 내가 한 말을 믿지 않더라도 내가 완성한 하나님의 일을 볼 것이다. 그 시점에서 너희는 아버지가 내 안에 내가 아버지 안에 계신 것을 인정할 것이다."

내가 반복하고 있다는 것을 알지만, 나는 예수님과 아버지와의 관계와, 아버지 안에 있는 그분의 위치가 아주 실재였기 때문에 이 점을 강조한다. 예수님의 말씀이 도전을 받았는지는 모르지만, 예수님의 일은 진리를 변호하기 위해 영원히 승리할 것이다.

이것이 예수님이 하늘로 승천하시기 전에 본질적으로 우리에게 말씀하신 것이 아닌가? 예수님은 말씀하셨다. "복음을 전파하라. 그러면 너희들이 전파하는 말씀에 표적과 기사가 따를 것이니라."

이 영원한 원리는 아주 간단하다. 그러면 왜 그리스도의 몸 안에 많은 결과가 생기지 않을까? 대답도 역시 아주 간단하다. 1) 많은 믿는 자들이 하나님이 말씀 가운데 하시는 일을 실제로 믿지 않는다. 2) 우리가 복음이라고 부르는 전파되는 말씀이 전통과 종교로 축소되고 있다.

제한받지 않는 말씀을 담대하게 전파하면 결과를 낳게 될 것이다. 제자들에게 물어라. 그들은 살아남기 위해 이 진리에 의지하였다.

당신은 당신 인생의 선지자요 왕이요 제사장이다

우리는 결과를 내야만 하는 궁지로 몰리지 않기 때문에, 거의 결과를 낳지 못하거나 전혀 결과를 낳지 않는 설교를 함으로써 우리 자신의 불확실성을 수용하는 것을 괜찮다고 생각한다.

개별적으로는, 하나님이 우리 입장이라면 하실 것처럼 우리는 삶을 다스리고 상황을 지배해야 하는 책임이 있다. (그런데, 하나님은 우리 입장에 *있으시다!*) 그리스도의 몸으로서 전체적으로는, (그리고 특히 그리스도인 리더십에 적용된다) 주 예수 그리스도의 승리를 집행하고 하나님의 놀라운 권능을 교회와 세상에 입증해야 하는 책임이 우리에게 있다.

여태까지 기록한 모든 것을 우리가 어떻게 적용할까? 이 땅에서 우리의 권리와 특권을 실행하려는 강한 결단력을 가지고 적용한다. 그런 다음 우리는 그리스도와 함께 다스리는 삶을 기대할 수 있다.

> 한 사람의 범죄로 말미암아 사망이 그 한 사람으로 인하여 군림하였다면 더욱더 은혜의 풍성함과 의의 선물을 넘치도록 받는 사람들이 한 사람 예수 그리스도로 인하여 생명 안에서 군림할 것이니라.　　로마서 5:17

> 신실한 증인이시며 죽은 자들 가운데서 첫째로 나시고 땅의 왕들의 통치자이신 예수 그리스도로부터 은혜와 평강이 너희에게 있을지어다. 우리를 사랑하시어 자신의 피로 우리의 죄들에서 우리를 씻기시고 하나님 그의 아버지를 위하여 우리를 왕들과 제사장들로 삼으신 그분께 영광과 권세가 영원무궁토록 있을지어다. 아멘.　　요한계시록 1:5, 6

구약에서 기름부음 받은 자들은 선지자들과 제사장들과 왕들이었다. 하나님은 한 나라의 구출과 안정을 보장하기 위해 이러한 지위에 하나님의 겉옷을 주셨다. 예수님은 이 땅에서 행하시는 동안 이 지위를 모두 이행하셨고 만방의 구세주와 주님으로 계속 그 지위를 수행하신다.

그리스도 안에서 우리의 위치는 온전하게 되었고(골 2:9, 10), 그분의 모든 충만함을 받았기 때문에(요 1:16), 이러한 구약시대의 지위는 이제 우리의 책임이 되었다.

우리 인생의 선지자로서, 우리는 우리에게 다가올 일을 보여주시는 성령의 말씀을 말한다. 하나님이 우리에게 말하라고 주시는 말씀은 하나님의 궁극적인 영광을 위해 우리의 미래를 형성하고 조성할 것이다.

왕으로서, 우리는 우리 존재의 보좌에 앉는다. 우리의 모든 말과 행동이 만왕의 왕에게 복종하는가 하지 않는가에 따라 우리 왕국이 이 땅에 임할 힘을 결정할 것이다. 우리의 말은 지켜질 것이고, 하나님의 왕국은 우리 안에 있는 하나님의 권능과 본성을 풀어놓을 때 높아지고 전진할 것이므로 사탄의 왕국은 실패하게 될 것이다.

마지막으로, 제사장으로서 우리는 제사장의 의무를 다해야 하는 책임이 있다. 제사장은 하나님의 명령을 굳게 지키고 하나님을 기쁘시게 하는 지속적인 희생 제사를 드리는 책임이 있다. 그러므로 하나님의 이름에 감사하며 우리 입술의 열매인 하나님께 찬양의 제사를 계속 올려 드리자(히 13:15).

나는 우리 삶에 이러한 진리를 적용하면 어떤 사람들이 우리의 겸손에 의문을 가질지도 모르기 때문에 다른 사람들에게 우려를 끼칠 수 있다는 점을 안다. 그리고 바울이 우리 자신을 마땅히 그래야 하는 것보다 더 높게 여기지 말라고 경고한 것도 사실이다(롬 12:3). 그러나 바울은 다른 사람과 관련하여 말하고 있었다. 우리는 모두 인종과 출신과 사회적 수준과는 관계없이 같은 부류 안에 있다. 우리는 모두 하나님의 자녀이다.

예수님은 자신이 누구신지에 대한 실재를 받아들이시고 믿음으로 스스로를 겸손케 하셨다. 예수님은 사람들에게 종이 되셨는데 이것은 우리 각 사람에게 하나님이 원하시는 바로 그것이다. 하나님이 우리를 창조하셔서 어떤 자가 되고 무엇을 하라고 하셨는지를 받아들이는 것은 하나님을 존귀케 할 것이다. 경건한 교리 뒤에 숨는 것은 우리의 견해를 하나님의 전지하심보다 높이게 될 뿐이다.

하나님의 위대한 계획 안에 행하는 가장 명예로운 방식은 서로 사랑하고 모든 사람의 종이 되는 것이다. 그러나 우리가 하나님이 우리로 채우도록 부르신 지위와 권세의 자리를 취하지 않는다면, 우리의 사랑과 섬김은 공허하게 될 것이고 사람들의 필요를 충족시킬 수 없을 것이다.

예수님 자신이 말씀하셨다. "너희는 신들이다." 이제 우리가 누구인지 그리고 우리가 어떤 사람인지에 따라 행동하기 시작하자!

11
하나님은 모세를, 예수님은 바울을, 바울은 디모데를 훈련하였다

나는 이 장의 제목이 색다르다는 것을 깨닫지만 생각해 보면, 이것은 그리스도의 몸이 어디 있는지를 정확히 짚어준다. 즉, 훈련 중이라는 것을 말해준다. 그러나 "훈련 중"이라는 말이 그리스도인들이 무력하다는 것을 의미한다고 생각한다면 크게 잘못된 것이다.

한번 생각해 보라. 하나님은 이미 하나님의 권능으로 우리를 구비시키고 기름붓기 위해 초자연적인 일을 하지 않으셨는가? 그러셨다면, 왜 우리는 이미 추수 들판으로 가지 않을까?

하나님은 우리의 행함 부족으로만 제한을 받으신다

우리가 하나님이 하라고 하신 일에 분주할 때, 우리에게 계속 더 많은 책임을 주시는 것이 하나님의 법인 것 같다. 그러나 우리가 문에 머물면서 항상 하나님이 일하시기를 기다린다면, 본질적으로 우리 자신의 부족감에 대해 하나님을 원망하는 것이다. 그리고 우리는 마음속으로 우리 삶에 일어나지 않는 일을 *하나님* 잘못으로 돌리기 시작한다.

이것은 심각한 문제이다. 하나님은 우리가 믿음으로 발을 내딛기를 기다리고 계신다. 그렇다. 기도와 성령으로 충만해지는 것은 영적 운동의 핵심 부분이지만 예수님이 하신 일을 하겠다는 결심은 그만큼 중요하다.

심지어 나는 어린 소년으로서 내 친구들 전부에게 예수님을 거듭 증거했다. 영접 기도를 하도록 사람들을 이끄는 것은 내게 흔히 일어나는 일이었다. 나는 성령 침례에 대해서나 신유라고 부르는 축복도 전혀 알지 못했고 성령의 은사에 대한 지식도 없었다. 그러나 나는 아주 끈질기게 내가 알았던 것을 두려움 없이 따랐다.

모세의 훈련

이 장에서 지금까지 제시된 생각은 모세가 받았던 훈련의 일부이다. 우리가 알듯이 모세는 여호와의 부름을 받았다. 우리는 이미 모세의 삶과 우리 삶의 유사성을 볼 수 있다. 왜냐하면 우리 각 사람은 화해의 사역으로 부름을 받았기 때문이다. 대사명은 세상을 복음화하기 위해 모든 믿는 자에게 권한을 부여하는 신성한 명령이다.

그러나, 모세의 삶에 있어 하나님의 부르심은 아주 독특한 경험으로 시작되었다.

이제 모세가 그의 장인 미디안 제사장 이드로의 양떼를 치는데, 그가 그 양떼를 광야의 뒤편으로 인도하여 하나님의 산 호렙에 이르렀더니, 주의 천사가 가시덤불 가운데서 나온 불꽃 속에서 그에게 나타나시니라. 그가 보니, 보라, 가시덤불이 불로 타나 가시덤불은 소멸되지 않더라. 모세가 말하기를 "이제 내가 옆으로 비켜서서 어찌하여 그 가시덤불이 타지 않는지 이 큰 광경을 보리라." 하는데 주께서 그가 보려고 옆으로 비켜서는 것을 보신지라, 하나님께서 가시덤불 가운데서 그를 불러 말씀하시기를 "모세야, 모세야." 하시므로 그가 말씀드리기를 "내가 여기 있나이다." 하니, 주께서 말씀하시기를 "여기로 가까이 다가서지 말고 네 발에서 신을 벗으라. 이는 네가 서 있는 곳이 거룩한 땅임이니라." 하시더라.

출애굽기 3:1-5

모세가 호렙산 근처에서 양을 치고 있을 때, 여호와의 천사가 가시덤불 가운데 불꽃으로 그에게 나타났다. 모세는 기이한 광경을 더 잘 보려고 가까이 다가갔고, 그러자 하나님이 말씀하셨다.

우리가 하나님께로 향하기 위해 삶의 익숙한 것에서 벗어나는 것을 하나님이 보실 때, 하나님이 모세에게 말씀하셨던 것처럼 우리에게 말씀하실 것이다.

모세가 부름을 받았을 때 거룩한 곳으로 들어섰다는 것을 주목하라. 이것은 우리가 그리스도인들로서 가지고 있는 높은 부르심에 대해 말한다. 우리는 우리가 거룩하고 정결케 되며 하나님께 구별된 성령 안에 있는 장소로 부름을 받는다.

당신은 구출자이다!

하나님이 모세와 계속 말씀하실 때, 하나님은 스스로를 언약을 지키는 아브라함과 이삭과 야곱의 하나님으로 밝히셨다. 그런 다음 하나님은 그분의 의도를 드러내기 시작하셨다. 하나님은 그분의 백성 이스라엘 민족이 억압받는 것을 보셨다. 8절에서, 하나님은 모세에게 말씀하셨다. "그들을 이집트인들의 손에서 구해내고 그 땅에서 그들을 인도하여 아름답고 넓은 땅, 젖과 꿀이 흐르는 땅에 이르게 하려고 내가 내려왔노라."

내가 모세였다면 어쩌면 이렇게 말했을 것이다. "정말 놀랍습니다, 주님. 바로 가서 하십시오." 다시 말하자면, 나는 어쩌면 이렇게 생각하는 것이다. '하나님, 왜 저에게 말씀하십니까? 하나님이 이스라엘 자손들이 구출되기를 그렇게 간절히 원하시면 그냥 하나님이 하시는 것이 어떻습니까?'

하나님이 스스로 이스라엘 백성들을 구출하지 않으신 이유는, 하나님은 세상에 들어오기 위해 반드시 인간을 통해 일하셔야 하기 때문이다. 하나님이 우리를 통해 일하실 수 있는 것에 감사드린다.

여기서 반드시 강조되어야 하는 중요한 생각은 하나님이 그분의 백성들의 구출자로 모세를 부르셨다는 것인데, 이것은 예수님이 온 세상을 위해 하려고 오셨던 일이다. 바로 그와 같은 부르심이 우리 삶에 있다. 우리는 예수님이 시작하셨던 일을 계속 해야 한다.

그러므로 이제 오라 내가 너를 파라오에게 보내고 너로 하여금 내 백성 이스라엘 자손들을 이집트에서 데리고 나오게 하리라 하시더라.

출애굽기 3:10

모세는 이 임무에 대해 별로 흥분하지 않았다. 그의 첫 질문은 자신의 자격에 관한 것이었다.

우리 인간의 본성은 항상 가장 잘 알고 있는 것에 양보할 것이다. 우리가 자연적인 논리에 기댈 때마다, 우리는 우리 자신이 임무를 완수할 능력이 있는지 없는지 생각함에 따라 그 임무를 바라보게 될 것이다.

하나님의 임재 의식이 능력을 낳는다

우리가 하늘의 생각과 하나님의 의식으로 너무 충만하여 자동적으로 새로운 모든 임무와 도전을 하나님과 그분의 신실하심을 증명하는 또 다른 기회로 여긴다면 좋을 것이다!

모세가 하나님께 말씀드리기를 "내가 누구기에 파라오에게 가며, 이집트에서 이스라엘 자손들을 데리고 나올 수 있으리이까?" 하니, 주께서 말씀하시기를 "내가 반드시 너와 함께하리니, 이것이 내가 너를 보낸 표가 되리라. 네가 이집트에서 그 백성을 데리고 나오면 너희가 이 산에서 하나님을 섬길 것이니라." 하시니라.

출애굽기 3:11, 12

우리가 결과를 내지 못하는 무능력을 하나님이 고치시는 방법은 항상 하나님의 임재였고 지금도 그렇다. "내가 너와 함께 하리라."는 구절의 말씀을 찾아보면, 그 말을 믿었던 사람들은 기적을 일으키는 자들이었다는 것을 알 수 있다.

이 시점에서 모세가 이 사명의 잠재력에 대해 기분이 조금 나아지고 있었다는 것을 쉽게 알 수 있다. 모세가 하나님께 이름을 물었을 때, 그것은 그가 하나님이 명령하신 일을 받아들였다는 증거였다.

> 모세가 하나님께 말씀드리기를 "보소서, 내가 이스라엘 자손에게 가서 '너희 조상들의 하나님께서 나를 너희에게 보내셨다.' 라고 그들에게 말할진대 그들이 내게 말하기를 '그의 이름이 무엇이냐?' 하면, 내가 무엇이라고 그들에게 말하리이까?" 하니, 하나님께서 모세에게 말씀하시기를 "나는 곧 나니라" 하시고, 또 말씀하시기를 "너는 이스라엘 자손들에게 이같이 말할지니 '나이신 분께서 나를 너희에게 보내셨다.' 하라." 하시니라. 출애굽기 3:13, 14

베드로가 성전 문에 있던 못 걷는 사람에게 했던 말을 기억하는가? 담대함으로 사도는 선포하였다. **은과 금은 내게 없거니와 내게 있는 것을 네게 주노니 나사렛 예수 그리스도의 이름으로 일어나 걸으라.** (행 3:6)

예수 이름의 권세를 사용하여 베드로는 예수님을 대신하여 행동하고 있었다. 마찬가지로 하나님은 모세에게 하나님을 대신하여 행동하도록 권세를 주고 계신 것이다. 그러고 나서 하나님은 계속해서 모세에게 이스라엘 백성들을 구출할 계획을 보이셨다.

보여주고 말하다

4장에서, 모세는 백성들이 자기 말을 듣지 않으면 무엇을 해야 하는지 물었다. 하나님이 *우리에게* 임무를 주실 때와 마찬가지로, 모든 것을 계산해 놓으셨다는 것이 흥미롭다고 생각한다.

2절에서, 하나님은 모세에게 "네 손에 있는 것이 무엇이냐?"고 물으셨다.

"막대기이니다."라고 모세가 대답하였다.

그리고 나서 하나님은 계속해서 모세에게 하나님의 임재와 초자연적으로 하나님의 백성들을 구출하는 하나님의 능력의 증거로 사용할 수 있는 두 가지 기적을 보이셨다. 이러한 초자연적인 나타남을 통해 모세는 즉시 표적과 이적의 가치를 알게 되었다.

그 당시 표적과 이적이 하나님의 계획의 일부였다면, 오늘날에도 분명히 하나님의 계획의 일부이다. 예수님은 요한복음 4:48에서 이것을 확증하셨다. **그러자 예수께서 그에게 말씀하시기를 "너희는 표적들과 이적들을 보지 아니하고는 전혀 믿지 아니하리라."고 하시더라.**

원어로 이 구절을 찾아보면, 예수님은 본질적으로 이렇게 말씀하고 계셨다는 것을 알 것이다. "너희들이 표적들과 이적들을 보지 않는다면 믿을 수도 없고 믿지도 않을 것이다."

하나님은 인간의 뜻과 마음을 이해하신다. 하나님은 우리가 말하는 것을 반드시 나타내야 한다는 것을 아신다. 하나님은 "술래잡기" 놀이를 만들지 않으셨다. 하나님이 그 놀이를 만드셨다면 우리는 하나님을 절대 찾을 수 없을 것이다(렘 29:13). 그러나 하나님은 "보여주고 말하는" 놀이를 만드셔서 우리가 보고 믿을 수 있게 하셨다. 그러고서 하나님은 우리에게 다른 사람들에게 보여주고 말하는 일을 맡기셔서 그들도 역시 보고 듣고 믿을 수 있게 하셨다.

그러나 우리가 사람들에게 보여준 다음에 말을 하든지 말하고 보여주든지, 나타남과 말해진 말씀의 연결은 하나님이 디자인하셨다. 그것은 모두 인간의 주의와 의식을 사로잡기 위한 하나님의 계획의 일부이다. 인간의 마음은 반드시 이 *세상에서* 돌아서서 *하나님께로* 향해야 하고, 하나님은 이 목표를 이루기 위해 교훈과 예증이 둘 다 필요할 것임을 보여주는 것 같다.

사람은 들은 말의 아주 적은 양만을 이해한다는 일반 상식이 있다. 누군가 그에게 말을 하고 보여준다면, 그 사람은 논의하고 있는 주제에 대해 훨씬 더 많이 이해할 것이다. 그러나 누군가 그에게 *말하고 보여주며 참여하도록* 초청할 때 그 사람은 가장 깊은 수준으로 이해할 것이다.

출애굽기 4장 전체에 걸쳐, 하나님은 모세와 함께할 하나님의 초자연적인 능력을 모세에게 지속적으로 확신시키셨다. 하나님이 확신을 주고 있었음에도, 모세는 여전히 부족함을 느꼈고 다른 사람이 그 일을 하도록 하나님께 구했다. 하나님은 모세의 형 아론이 그를 돕도록 함으로 그를 위로하셨다.

당신의 위치를 알라

출애굽기 4:15, 16에서, 하나님은 모세와 아론 간의 지휘 계통과 모세가 자신의 위치를 바라보는 관점에 대해 말씀하셨다.

너는 그에게 말하고 그의 입에 말을 넣어 주라. 내가 네 입과 또 그의 입과 함께하겠고 너희가 해야 할 것을 너희에게 가르치리라. 그가 백성에게 너의 대변인이 될 것이며, 그가 그리 되어, 너에게 입을 대신할 것이며 너는 그에게 하나님을 대신할 것이라.

하나님이 모세에게 하시는 말씀의 중요성을 파악하라. "아론은 내가 너에게 하는 말을 하면서 나의 백성에게 너와 같을 것이고 너는 그에게 하나님과 같을 것이다." 하나님은 모세가 하나님의 생각과 하나가 되기를 원하셨다.

그런 다음 17절에서, 하나님은 모세에게 하나님의 임재의 인장인 모세의 손에 있는 지팡이를 보여주셨다. 모세의 입에 있는 하나님의 말씀과 손에 있는 하나님의 임재가 이스라엘 자손들을 이집트에서 구출할 것이다.

얼마나 놀라운 결합인가!

오늘날은 상황이 더 좋아졌다. 우리는 여전히 입에는 하나님의 말씀을 두고 손에는 하나님의 권능을 쥐고 있을 뿐만 아니라, 하나님이 우리 마음속에 거하고 살기 위해 오셨다.

모세는 이스라엘 자손들을 이집트에서 인도하여 낼 때 작은 일에도 충성된 자로 판명되었다. 그러나 하나님은 모세가 자기의 위치를 제대로 알고 있는지 확인하기 위해 그를 시험하셨다.

출애굽기 14장에서, 이스라엘 자손들이 홍해에 왔을 때 하나님은 그들을 구출하는 책임을 모세에게 지웠다. 그들 양쪽에 우뚝 솟아있는 산들과 앞에 펼쳐져 있는 바다와 뒤에서 다가오고 있는 바로의 군대를 두고, 하나님의 백성들은 기적이 필요하였다.

> 모세가 백성들에게 말하기를 "너희는 두려워 말고 가만히 서서 주께서 오늘 너희에게 보여 주실 주의 구원을 보라. 너희가 오늘 본 이집트인을 다시는 영원히 보지 못하리라. 주께서 너희를 위하여 싸우시리니 너희는 가만히 있을지니라." 하더라. 주께서 모세에게 말씀하시기를 "너는 어찌하여 내게 부르짖느냐? 이스라엘 자손들에게 말하여 앞으로 나아가게 하고 너는 네 막대기를 들어 네 손을 바다 위로 뻗쳐서 그것을 가르라. 그리하면 이스라엘 자손들이 바다 가운데를 통과해서 마른 땅 위를 가리라.
>
> 출애굽기 14:13-16

*리빙 바이블*이 이 구절을 다른 말로 바꾸어 표현한 것을 생각해 보라.

모세가 백성에게 이르되 너희는 두려워하지 말고 가만히 서서 여호와께서 오늘 너희를 구원하시는 놀라운 방법을 보라. 너희가 오늘 본 애굽 사람을 영원히 다시 보지 아니하리라. 여호와께서 너희를 위하여 싸우시리니 너희는 손가락 하나도 움직일 필요가 없을 것이다. 여호와께서 모세에게 이르시되 기도를 멈추고 백성들을 움직이게 하라. 앞으로, 행진하라! 네 지팡이를 사용하라. 지팡이를 물 위로 들라. 그러면 바다가 갈라지고 너희 앞에 한 길을 낼 것이다. 그러면 모든 이스라엘 백성은 마른 땅으로 건너갈 것이다.

기도를 멈추고 앞으로 나아가라

출애굽기 14장 13절과 14절에서 모세의 말이 얼마나 멋지게 들리는지 주목하라. 그 말은 하나님이 하실 일과 이스라엘 자손들이 기대해야 하는 일에 대해 확실히 담대했다. 그러나 단지 작은 문제 한 가지가 있었다. 모세가 하나님이 무엇을 하시기를 기다리고 있었다. 그는 하나님이 자기에게 주셨던 등식을 잊어버리고 있었다.

모세는 자기가 하나님의 위치에 있다는 것과 손에 들고 있는 지팡이가 일을 행하시는 하나님의 임재라는 것을 잊어버렸다. 모세가 자기 역할을 할 때 하나님은 하나님의 역할을 하실 것이다.

이 상황에서 모세에게 하나님이 주신 지시를 *리빙 바이블*이 어떻게 기록했는지 다시 보자. "**기도를 멈추고 백성들을 움직이게 하라. 앞으로,**

행진하라! 네 지팡이를 사용하라. 지팡이를 물 위로 들라." 하나님이 위임했던 위치를 취하지 않은 모세를 책망하신 것을 볼 수 있는가? 하나님이 책망하시기 전에 모세는 이미 자기에게 주어진 하나님의 능력보다 그 문제가 더 크다고 여겼다.

우리 역시도 모세가 바로의 군대와 홍해 사이에 서 있었을 때 가졌던 사고방식 한가운데로 바로 뛰어드는 것이 얼마나 쉬운지 모른다. 다음을 생각해 보라.

* 당신은 때때로 직면하는 불가능해 보이는 상황에서 빠져나오기 위해 하나님께 무엇을 해달라고 구하는가?
* 당신이 주변에 있는 모든 사람에게 하나님이 당신을 위해 하실 일을 말할 때, 실제로는 하나님이 빨리 무엇을 하셔야 한다는 것을 넌지시 비추고 있는가?
* 당신은 행동해야 할 때 기도하고 있는가?
* 당신의 기도에 응답받지 못했다면, 그것은 당신이 이미 할 일을 알고 있지만 하나님이 당신에게 다시 말씀하게 하려고 애쓰고 있어서가 아닌가?

이 중에 어느 질문에라도 예라고 답했다면, 당신이 직면하고 있는 상황을 이기기 위해 무엇이 필요한지 추측할 수 있겠는가? 아마도 모세의 상황에서 필요했던 것과 같을 것이다. 바로 행동이다!

우리는 확실히 모세의 훈련에서 많은 것을 배울 수 있다. "제가 누구입니까?"라고 시작했던 모세의 그 질문은 그가 하나님과 완성해야 하는 추가 훈련이 있었다는 증거였다.

바울의 훈련

앞선 연구를 통해 우리는 예수님이 자신이 누구신지 아셨기 때문에 성공하셨다는 것을 안다. 우리가 바울의 계시를 고려해 볼 때, 그것은 주로 주 예수 그리스도의 속량 사역인 죽음과 장사됨과 부활과 승천이 어떻게 그리스도인들에게 영향을 미치는가에 초점을 두고 있음을 알 수 있다. 이제 믿는 자는 자기가 그리스도 안에서 누구인지를 배우면 영적 행보에서 성공할 수 있다. 이 모든 것을 유념하고, 예수님이 사도 바울을 어떻게 훈련하셨는지를 간략하게 보도록 하자.

바울은 다마스커스로 가는 도중에 엄청난 개종을 경험하였다.

한편 사울은 여전히 주의 제자들에 대하여 위협과 살기를 내뿜으며 대제사장에게 가서 다마스커스의 여러 회당에 보낼 서신을 청하니 이는 그가 이 도에 속한 자를 보면 남자든지 여자든지 잡아서 예루살렘으로 데려오려 함이더라. 그가 길을 떠나 다마스커스에 가까이 왔을 때 갑자기 하늘로부터 한 줄기 빛이 그를 둘러 비추는지라. 그가 땅에 엎드려 그에게 말하는 음성을 들으니 "사울아, 사울아, 네가 왜 나를 박해하느냐?"고 하시더라. 그러자 그가 말하기를 "주여, 당신은 누구시니이까?"라고 하니 주께서 말씀하시기를 "나는 네가 박해하는 예수라. 가시채를 걷어 차는 것이 네게 고통이라."고 하시더라. 그가 떨며 놀라서 말하기를 "주여, 내가 어떻게 하기를 원하시나이까?"라고 하니 주께서 그에게 말씀하시기를 "일어나서 성읍으로 들어가라. 그러면 네가 행해야 할 일을 네게 일러 주리라."고 하시더라. 　　　　사도행전 9:1-6

바울이 사도행전 22:15에서 개종 경험을 다시 말했을 때, 도상에서 만났던 예수님에 관해서 아나니아가 했던 말을 반복하였다. 즉, **이는 네가 보고 들은 일에 관하여 모든 사람 앞에서 그분의 증인이 되게 하려는 것이라.**

바울의 계시 적용

바울은 그의 경험에서, 주님을 듣고 보았다. 여러 기록에서 바울은 그러한 영적인 경험을 많이 했다는 것을 보여주었는데 그 모든 것은 그의 삶과 사역에 큰 의미를 담고 있었다.

정녕 자랑하는 것이 나에게 유익하지 못하나 내가 주의 환상들과 계시 들을 말하리라. 내가 십사 년 전에 그리스도 안에서 한 사람을 알았는데 (그가 몸 안에 있었는지 나는 말할 수 없고 몸 밖에 있었는지 나는 말할 수 없지만 하나님께서는 아시느니라.) 그 사람이 셋째 하늘로 끌려 올라갔느니라. 내가 이런 사람을 아노라. (그가 몸 안에 있었는지 몸 밖에 있었는지 나는 말할 수 없지만 하나님께서는 아시느니라.) 그가 낙원으로 끌려 올라가서 말로 다 설명할 수 없는 말을 들었는데 그것은 사람들에게 말하도록 허락되지 않은 것이로다. 내가 이런 사람에 관해서는 자랑하겠으나 나에 관해서는 약하다는 것 외에는 자랑하지 아니하리라. 내가 설령 자랑하려고 해도 어리석은 자가 되지 않으리니 이는 내가 진실을 말하기 때문이라. 그러나 나는 어떤 사람이 나를 보는 것과 나에 관하여 들은 것 이상으로 나를 생각하지 않을까 해서 삼가노라. 지극히 위대한 계시들의 풍성함으로 인하여 내가 자고하지 않도록 육체에 한 가시, 즉 사탄의 사자를 내게 주셨으니 그가 나를 쳐서 자고하지 못하게 하려 함이라. 고린도후서 12:1-7

바울의 경험 전부가 그가 썼던 서신서에 기록되어 있다. 그는 계시의 풍성함을 받았다고 우리에게 말한다. 마귀는 속량의 진리가 전해지지 않고 그의 속임수가 드러나지 않도록 이 계시에 크게 반대했다. 이러한 놀라운 경험을 통해, 주님은 바울에게 반드시 드러나야만 하는 시대의 신비를 가르치고 계셨다.

형제들아 맹세하노니, 내가 전한 천국으로 가는 그 길은 사람의 변덕이나 꿈에서 온 것이 아니다. 내가 전한 메시지는 예수 그리스도께서 친히 내게 말씀해 주신 것이다. 그분 외에는 아무도 나를 가르친 적이 없도다.
  갈라디아서 1:11, 12(TLB)

아주 간단히 말하면, 예수님은 바울을 계시와 메시지의 적용에서 훈련하셨다. 바울의 서신서를 통해 드러난 예수님의 메시지는 혼란스러운 자들과 지친 자들의 약한 마음을 소생시키고 다시 승리를 손에 쥐게 하므로 아주 중요했다.

바울의 몇 가지 성공을 따라가면서 그가 말하고 행한 것을 읽어 보라.

그후 암피폴리와 아폴로니아를 경유하며 데살로니가에 오니 거기에 유대인의 회당이 있는지라. 바울은 습관대로 그들에게 가서 세 안식일에 걸쳐 성경을 가지고 그들과 변론하며, 그리스도께서 고난을 당하셔야 했던 것과 죽은 자들로부터 다시 살아나셔야 했음을 설명하고 입증하면서 내가 여러분에게 전하는 이 예수가 바로 그리스도라고 하자. 사도행전 17:1-3

여기에서 우리는 바울이 데살로니가에 있는 회당에서 복음을 전파하고 가르치는 것을 본다. 2절에서, 지금쯤은 우리 귀에 익숙해야 하는 구절을 주목하라. **바울은 습관대로 그들에게 갔다.** 바울이 복음을 전파했던 유대인들은 어디에 있었는가? 회당 안에 있었다.

예수님이 결과를 낳은 메시지와 방식

우리가 이것을 전에 어디서 들어보았는가? 우리는 단지 예수님의 사역을 되돌아볼 필요가 있다.

그분께서 자기가 자라난 나사렛에 가사 늘 *하시던 대*로 안식일에 회당에 들어가 읽으려고 서시니 섬기는 자가 대언자 이사야의 책을 그분께 넘겨 드리거늘 그분께서 그 책을 펴서 이렇게 기록된 데를 찾으시니라. 일렀으되, 주의 영께서 내게 임하셨으니 이는 그분께서 내게 기름을 부으사 가난한 자들에게 복음을 선포하게 하셨기 때문이라. 그분께서 나를 보내신 것은 마음이 상한 자들을 고치며 포로 된 자들에게 구출을, 눈먼 자들에게 다시 보게 함을 선포하고 상처 입은 자들을 자유하게 하며 주의 받아 주시는 해를 선포하게 하려 하심이라 하였더라. 누가복음 4:16-19

예수님이 바울의 스승이셨다면, 바울이 예수님이 실천했던 동일한 습관을 개발했다는 것은 놀랄 일이 아니다. 한 사람이 누군가와 충분히 오랫동안 교제한다면, 그는 그 사람의 일상적인 버릇을 따라 하기 시작한다.

바울은 예수님의 일상적인 습관을 수용하는 것 이상을 하였다. 그는 예수님이 전파한 메시지를 복사했다. 왜 예수님이 가시는 곳마다 이 말씀을 전파하셨을까? *왜냐하면 이 메시지가 결과를 낳았기 때문이다.*

나는 예수님이 바울에게 속량의 계시를 보여주었을 뿐 아니라 결과를 내는 법도 설명하셨으리라 믿는다. 사도행전 17:3은 바울이 예수님이 그리스도라는 것을 *설명도* 하고 *나타내기도* 하였다고 말한다. 바울이 예수님이 그리스도라는 것을 사람들에게 쉽게 설명했음이 틀림없다. 뒤늦게 깨달은 것은 무엇이든 명백해진다.

바울은 바리새인 중의 바리새인이었다. 그는 메시아에 대해 모든 것을 연구했다. 그러므로 바울이 예수님이 실제로 그리스도였다는 것을 깨닫게 되었을 때, 그가 이전에 연구한 모든 것이 갑자기 점점 분명해졌다고 나는 확신한다.

그러면 어떻게 우리가 바울이 그랬던 것처럼 예수님이 그리스도라는 것을 나타낼 수 있을까? 예수님이 그리스도, 즉 기름부음 받은 분이시고 믿는 우리 모두의 마음 안에 살고 계신다면, 우리 삶에 그리스도의 권능의 증거가 있어야만 한다.

예수님이 이 땅을 떠나시기 전에 제자들에게 하셨던 말씀이 이것을 확증한다. **보라, 내가 내 아버지께서 약속하신 것을 너희 위에 보내노라. 그러나 높은 곳으로부터 능력을 입을 때까지 예루살렘 도성에서 기다리라고 하시더라.**(눅 24:49)

그런 다음 우리는 사도행전 1:8, 9에서 이 말씀을 읽는다.

그러나 성령께서 너희에게 임하시면 너희가 능력을 받으리니 그러면 예루살렘과 온 유대와 사마리아와 땅 끝까지 이르러 내게 증인이 되리라고 하시니라. 주께서 이런 일들을 말씀하신 후에 그들이 보는 데서 위로 들려 올라가시니 구름이 그들의 시야에서 주를 가리더라.

예수님은 제자들에게 그분의 증인이 되기 위해 성령으로 능력을 받아야 한다고 말씀하셨다.

"증인"이라는 말은 "삶과 행동이 믿음의 가치와 효과를 증명하고,

그의 믿음이 베드로전서 5:1에 나오는 '증인'으로 인정받은 자들"을 의미한다.13) 성령을 통한 능력부여는 사도들의 삶이 예수님을 닮게 만든 현저한 차이이다. 세상은 나타난 증거로 예수님이 살아 계심을 인식할 것이다.

제자들이 예수님의 지시에 순종하여 행했던 것을 주목하라.

그들이 기도를 마치자 그들이 함께 모여 있는 곳이 진동하더니 그들이 모두 성령으로 충만하여 담대하게 하나님의 말씀을 선포하더라. 그러므로 믿는 사람들의 무리가 한 마음과 한 혼이 되어 아무도 자기 소유를 자기 것이라고 주장하는 자가 없고 모든 것을 공동으로 쓰니라. 그리하여 사도들이 큰 능력으로 주 예수의 부활을 증거하니 큰 은혜가 그들 모두에게 있더라.   사도행전 4:31-33

사도들은 큰 능력으로 주 예수님의 부활의 증거를 제시하였다. 바울은 메시지의 능력(고전 1:17, 18)과 성령의 능력을 통해 나타남이 있을 것을 기대해야 한다는 것을 배웠다.

데살로니가전서 1:5-8은 말씀을 설명하고 나타내었던 바울의 사역 방식의 결과를 보여준다.

---

13) *W. E. 바인*, 바인의 성경 해설사전(테네시, 내슈빌: Thomas Nelson Publishers, 1985), p.pp. 680-681.

이는 우리의 복음이 말로만 너희에게 이른 것이 아니라 능력과 성령과 대단한 확신으로 되었음이니 우리가 너희 가운데서 너희를 위하여 어떻게 했다는 것을 너희도 아는 바라. 또 너희가 성령의 기쁨으로 많은 환난 가운데서 그 말씀을 받아들여 우리와 주를 따르는 자들이 되었으므로 마케도니아와 아카야에서 믿는 모든 자들에게 본이 되었느니라. 이는 주의 말씀이 너희로부터 마케도니아와 아카야에서뿐만 아니라, 하나님을 향하는 너희의 믿음이 퍼져 있는 모든 곳에도 전해졌으므로 우리는 아무것도 말할 필요가 없게 되었음이라.

5절에서 **이는 우리의 복음이 말로만 너희에게 이른 것이 아니라 능력으로 되었다**고 한 것은 바울이 주 예수 그리스도 아래서 훈련받은 결과였다. 바울이 자기 사역에서 기적을 기대했기 때문에 기적은 항상 일어났다.

6절은 데살로니가의 믿는 자들이 *따르는 자*들이 되었거나 다른 번역이 말하는 대로 모방하는 자들이 되었다고 말한다. 그들은 바울 안에서, 그의 메시지에서, 그의 복음전파의 결과에서 대단한 생명을 보았으므로 같은 것을 *모방하는 자*들이 되고자 하였다.

그런 다음 7절에서, 우리는 기뻐할 더 많은 이유를 본다. 데살로니가 그리스도인들은 또한 모범이 되었는데 그것은 모델로 번역될 수 있다. 무엇에 대한 모델이었을까? 주 예수 그리스도의 모델이었던 사도 바울의 모델이었다. 바울은 고린도전서 11:1에서 그와 동일한 말을 했다. **내가 그리스도를 따르는 것처럼 너희는 나를 따르는 자가 되라.**

우리는 따라잡기 위해 모방해야 할 것이 많다. 그렇지 않은가?

다양한 새로운 경험을 지닌 모든 상황이 그리스도의 진리에 비추어 우리가 발견한 것을 재평가하도록 해야 한다. 우리가 아는 것이 무엇이든지 반드시 그 지식을 점점 더 능숙하게 적용해야 한다.

바울이 아테네에서 사역한 것을 보면, 그가 교훈과 예증으로 얼마나 잘 사역했는지 알 수 있다.

그후 바울이 아테네에서 그들을 기다리고 있는 동안 그 성읍이 전부 우상에게 바쳐진 것을 보고 그의 영이 그 안에서 몹시 괴로워하더라. 그리하여 그가 회당에서는 유대인과 경건한 사람들과 시장터에서는 날마다 그가 만나는 사람들과 토론하니라. 에피쿠로스 학파와 스토아 학파의 어떤 철학자들이 그를 만나니 몇몇 사람들은 말하기를 이 말쟁이가 무슨 말을 하고자 하는가 하기도 하고 또 다른 몇몇 사람들은 그가 이방 신들을 전하는 자 같다라고도 하니 이는 그가 예수와 부활을 그들에게 전파하였기 때문이라. 그들이 그를 붙들어 아레오파고로 데리고 가서 말하기를 네가 말하는 이 새로운 교리가 어떤 것인지 알려 주겠느냐? 네가 우리 귀에 어떤 이상한 것들을 들려 주므로 이것들이 무슨 뜻인지 알고자 하노라고 하였더라. (그곳에 있는 모든 아테네인들과 타국인들은 그들의 여가를 어떤 새로운 것을 말하거나 듣는데 외에는 아무것에도 쓰지 아니하더라.) 그러므로 바울이 마르스 언덕 한가운데 서서 말하기를 아테네 사람들이여 내가 보니 너희는 매사에 너무나 미신적이니라. 지나다니다가 너희가 섬기는 대상을 보았는데 알지 못하는 신에게라고 새겨 놓은 제단도 있었노라. 그러므로 너희가 알지 못하면서 섬기는 그 대상을 너희에게 알게 하리라. 세상과 그 안에 있는 만물을 지으신 하나님은 하늘과 땅의 주시니 그분은 사람의 손으로 만든 성전들에는 계시지 아니하시며 또한 무슨 필요한 것이 있는 것처럼 사람의 손으로 섬김을 받아야 되는 것도 아니시니 이는 그분이 만민에게 생명과 호흡과 만물을 주심이라. 또 하나님께서는 인류의 모든 족속을 한 피로 만드시어 온 지면에 살게 하시고 미리 계획하신 시기와 그들이 거주하는 경계를 정하셨으니 이는 주를 찾게 하려 함이라. 사람들이 하나님을 감지하려 하면 만나리니 그분은 우리 각 사람에게서 멀리 떨어져 계시지 아니하도다. 우리는 그분 안에서 살고 움직이며 존재하느니라. 너희 시인 중에 어떤 이들도 말한 바와 같이 우리도 그분의 자손이라 하였으니 우리가 하나님의 자손이라면 사람의 기술과 고안으로 주조한 금이나 은이나 돌이 하나님의 신격과 같다고 생각지는 말아야 할 것이라. 이 무지의 때에는 하나님께서 눈감아 주셨으나 이제는 어디에 살고 있는 어떤 사람에게도 회개하라고 명령하고 계시니라. 이는 하나님께서 선정하신 그 사람을 통하여 의로 세상을 심판하실 한 날을 정해 놓으시고 그를 죽은 자들로부터 살리시어 모든 사람에게 확증해 주셨음이라고 하니라. 그 사람들이 죽은 자의 부활을 들을 때 어떤 사람들은 비웃고 어떤 사람들은 말하기를 이에 관해서 다시 듣겠다고도 하더라. 그러므로 바울이 그들 가운데서 떠나더라. 그러나 몇몇 사람은 믿고 그에게 가담하였는데 그 중에는 아레오파고 사람 디오누시오도 있었고 또 다마리라고 하는 여인과 그들과 함께한 다른 사람들도 있더라.　　사도행전 17:16-34

증거의 목적

아테네는 전통에 민감하고 아주 철학적인 도시였다. 바울은 그의 지성의 천재성을 다하여 아테네인들과 그들의 수준에서 추론하려고 최선을 다하였다. 그러나 그가 받았던 가장 큰 반응은 32절에 나타난 **"이에 관해서 다시 듣겠다."**는 것이었다. 몇 사람이 믿었으나 그 수는 확실히 바울이 기대했던 것은 아니었다.

바울이 더 잘할 수도 있었을까? 정말 모르겠지만, 그가 다음 모임을 했을 때 그의 안에 떠오르는 어떤 것을 볼 수 있다. 사도행전 18:1에서 우리는 바울이 그후에 고린도로 갔다고 듣는다. 바울이 고린도인들에게 어떻게 접근했는지 고린도전서 2:1-5에 기록되어 있다.

형제들아 내가 너희에게 와서 하나님의 증거를 전할 때에 말과 지혜의 탁월함으로 하지 아니하였노라. 이는 내가 예수 그리스도와 그의 십자가에 못박히심 외에는 너희 가운데서 아무것도 알지 아니하기로 작정하였음이라. 내가 너희와 함께 있을 때에 연약함과 두려움과 심한 떨림 가운데 있었노라. 또 내 말과 내 설교를 설득력 있는 인간의 지혜의 말로 하지 않고 성령과 능력을 나타냄으로 하였으니 이는 너희의 믿음이 인간의 지혜에 있지 아니하고 하나님의 능력에 있게 하려 함이라.

나는 바울이 두려움과 떨림으로 왔던 이유가 아테네 이후에 그의 확신에 격려가 필요했었기 때문인지 궁금하다. 그는 의도적으로 그리스도를 전파하는 단순성으로 돌아갔다. 그는 그것이 결과를 낳게 될 것이라고 확신하였다. 이러한 기반으로 말미암아 성령이 권능을 드러내서 스스로를 자유롭게 나타내실 수 있었다.

이제, 우리는 권능이 드러나는지 아닌지로 예배를 판단하지 않도록 주의해야만 한다. 때때로 예배가 권능을 드러낼 필요가 없는 어떤 목적을 지니고 있을 때도 있다. 예수님은 여러 번 하나님 왕국에 대한 비밀들을 제자들에게 설명하면서 말씀하셨다. 그런 때는 초자연적인 나타남이 일어나지 않았다.

반드시 우리는 다른 종류의 예배와 각 예배의 구체적인 목적 사이에 하나님의 균형을 찾도록 해야 한다. 그러나, 이 논의에서 우리는 예수님의 사역에 초점을 맞추고 있다. 사람들을 구출할 기회가 예수님께 주어졌을 때, 신성한 권능이 한결같이 나타났다.

바울은 적절한 시기에 증거를 만들어 내려고 이와 같은 이해에 의지하는 것을 배우고 있었다. 그가 어떻게 훈련받았는지로 인해 사역에 열매가 아주 많았다. 반대가 일어났을 때, 그는 극히 담대하게 복음을 선포하였고 하나님의 권능은 필연적인 결과로 나타났다.

디모데의 훈련

이것은 바울이 디모데라 하는 젊은 사역자에게 전수했던 사역에 있어서 결과를 얻는 방법에 대한 이해이다.

바울은 디모데를 가르치고 복음 사역자로 그의 미래를 준비시키는 임무를 맡았다. 디모데전서 1:2에서, 바울은 디모데를 믿음 안에서 진정한 아들로 격려하면서 젊은 제자를 가르치기 시작했다. 1장 후반부에서, 바울은 믿음을 모독하고 있는 자들로 인해 디모데를 다시 격려하였다.

아들 디모데야 내가 너에게 부탁하노니 전에 너에게 주어진 예언들을 따라 그것으로 선한 싸움을 싸우며 믿음과 선한 양심을 붙들라. 어떤 사람들은 믿음에 대한 선한 양심을 내던지므로 파선하였느니라. 그들 가운데 후메내오와 알렉산더가 있는데 내가 그들을 사탄에게 내어준 것은, 그들로 하나님을 모독하지 못하도록 배우게 하려는 것이라.

디모데전서 1:18-20

바울은 선한 싸움을 싸우는데 필요한 자질인 믿음과 선한 양심을 가졌던 젊은이를 상기시킴으로 디모데를 놀랍게 격려하였다. 바울은 계속해서 이 생각들을 그의 편지에 끼워 넣었고 디모데에게 쓴 두 번째 편지에도 그렇게 하였다. 바울은 강한 믿음은 그의 입장을 고수하고 그리스도의 메시지 안에서 전진하기 위해 필요하다는 것을 디모데에게 확실히 이해시키고자 했다.

디모데전서 3:13에서 바울은 기록하였다. **집사의 직분을 잘 섬긴 사람들은 자신들을 위하여 좋은 지위를 얻고 또 그리스도 예수 안에 있는 믿음 안에서 큰 담력을 얻느니라.**

4장에서, 바울은 계속해서 모든 믿는 자들과 사역자들이 주의해야 하는 경건한 충고로 젊은 디모데를 훈계하였다.

아무도 너의 연소함을 업신여기지 못하게 하고 오직 너는 말과 행실과 사랑과 영과 믿음과 순결에 있어서 믿는 자들의 본이 되라. 내가 갈 때까지 읽는 것과 권고하는 것과 교리에 전념하라. 장로회에서 안수함으로써 예언에 따라 너에게 주어진 네 안에 있는 은사를 소홀히 여기지 말라. 이 일들을 묵상하고 이 일들에 전념하여 너의 진전이 모든 사람들에게 드러나게 하라. 네 자신과 교리에 주의하고 이 일들을 계속하라. 이것을 행함으로써 네 자신과 네 말을 듣는 사람들을 구원하리라.

디모데전서 4:12-16

바울은 디모데에게 사랑으로 행하고 경건한 성품을 드러내고 전념하여 연구하라고 권고하였다. 바울은 또한 그의 안에 있는 은사를 무시하지 말라고 경고하였다.

바울의 충고 이면에 있는 목적은, 이러한 원리를 묵상하고 삶에 적용한 젊은이로서 디모데의 진전을 모든 사람들이 분명히 알게 하려는 것이었다. 디모데의 삶이 주 예수님의 권능의 살아 있는 본보기가 되는 것이 바울의 열망이었다.

바울이 디모데에게 보낸 첫 편지를 마무리할 때, 다시 디모데에게 믿음의 선한 싸움을 싸우라고 강력히 촉구하였다(딤전 6:12). 선한 싸움을 싸우는 가장 좋은 방법은 이기는 것이다. 그러므로, 바울이 말한 것은 전부 디모데가 하나님이 이미 그를 위해 정해 놓으신 승리를 얻도록 돕는 격려라고 요약될 수 있다.

의심의 여지 없이 디모데가 바울의 말에 격려를 받은 것처럼, 우리는 모두 격려를 받을 수 있다. 우리가 그리스도 안에서 가지고 있는 것으로 충분하다는 진리를 이해해야만 한다. 모든 상황에서 승리하는 것은 그저 하나님의 생명과 하나님이 행하신 모든 것을 굳게 고수하는 문제이다.

은사를 불러일으키라

디모데에게 보낸 두 번째 편지에서, 바울은 충성되게 진리를 행하는 자가 되라고 훈계하면서 다시 시작하였다.

때때로 우리가 사역을 시작할 때, 또는 사역을 얼마간 해 온 경우에도, 우리는 한결같이 유지하라는 격려가 필요하다. 이 점에 대해서 다른 사람들을 격려하는 것이 바울의 부르심의 한 부분이었던 것 같다.

우리가 디모데후서 1장 서두에서 볼 수 있듯이, 디모데는 틀림없이 자신의 능력과 믿음에 의문을 제기하고 있었다. 바울은 즉시 디모데를 위해 밤낮으로 기도하고 있다고 상기시켜주면서 시작하였다(딤후 1:3).

그리고 나서 바울은 디모데의 영에 깊이 심어진 진리에 대해 상기시키기 시작하였다. 바울은 디모데에게 그가 가진 종류의 믿음은 할머니 로이스와 어머니 유니케의 가식 없는 믿음이라는 것을 기억하라고 촉구하였다(딤후 1:5). 이러한 뿌리 깊은 믿음이 디모데 안에 있는 것을 알았기

때문에 바울은 그에게 말했다. **네 속에 있게 된 하나님의 은사를 불일 듯 일어나게 하라.**(6절)

바울은 첫 번째 편지에서 비슷한 권고를 하였다(딤전 4:14). 어떤 것을 위해 무엇을 하기 위한 첫 단계는 유념하는 것이다.

내가 자랄 때, 네슬레스 퀵Nestles Quick이 깡통에 담긴 초콜렛 가루로 나왔을 때가 기억난다. 그런 다음 제조사는 그 제품을 시럽 형태로 출시했다. 이것은 섞어서 사용하기가 더 쉬웠기 때문에 아이였던 나는 그것을 매우 좋아했다.

나는 그 초콜렛 시럽을 차가운 우유가 담긴 잔에 잔뜩 짜 넣고 바닥에 가라앉는 것을 지켜보았던 기억이 난다. 그 시점에서, 시럽이 그 속에 있다는 것을 알 수 있는 유일한 방법은 잔에 시럽을 부었던 사람이 바로 나라는 것이었다.

나는 잔을 들어 올려서 보았고 시럽은 바닥에 전부 다 있었다. 초콜렛은 우유 속에 있었으나 아직 초콜렛 우유는 아니었다. 내가 숟가락을 잔에 넣고 휘젓기 시작한 다음에야 두 물질은 함께 섞이고 초콜렛 우유가 되었다.

그것은 바울이 디모데에게 편지를 쓴 목적을 실지로 보여주는 좋은 방법이다. 바울은 젊은 제자가 마음에 있는 영적인 유산을 불러일으키기 위해 믿음을 사용하기 시작하기를 원했다. 디모데가 그렇게 했을 때, 그는 자기 마음에 살고 계신 분을 더 알게 되어 점점 더 하나님이 그가 되도록 창조하신 사람이 될 수 있었다.

우리가 우리 안에 계신 더 위대하신 분을 알게 될 때, 두려움이 가장 먼저 떠난다. 이것을 바울이 다음으로 언급했다. 디모데후서 1:7에서 그는 기록하였다. **하나님께서 우리에게 주신 것은 두려워하는 영이 아니라 능력과 사랑과 건전한 생각의 영이라.**

이 구절에서 "두려움fear"으로 번역된 단어는 "소심함timidity"으로도 번역될 수 있다. 하나님은 우리를 소심하게 만들지 않으셨고 우리는 모든 상황을 정복하는 하나님의 능력과 사랑과 생각으로 강하고 담대하다.

바울의 이후 편지에서 보듯이, 사도 바울의 일관된 사랑과 함께 이러한 격려의 말은 디모데를 강력한 하나님의 사람으로 바꾸었다.

> 이는 내게 크고도 효과적인 문이 열렸으며 또 대적하는 자들도 많기 때문이라. 이제 디모데가 가거든 주의하여 너희는 그가 두려움 없이 너희와 함께 지낼 수 있도록 하라. 그도 나처럼 주의 일에 수고함이라.
>
> 고린도전서 16:9, 10

이 말씀에서 우리가 확실히 알 수 있는 한 가지는, 사도 바울이 새로운 일을 시작할 때 그 일을 수행했던 방식이다. 그는 단순히 복음 메시지를 전하고 그 메시지를 성령과 권능으로 나타내었다. 바울이 계속해서 두려움으로 행하는 개인과 일을 하고 있었다면, 그 사람과 사역했던 때를 "효과적"이라고 묘사하지 않을 것이다. 두려움은 항상 복음의 메시지를 크게 방해한다.

이것을 알았으므로, 나는 디모데를 여전히 두려움에 매우 취약한 자로 보게 하는 이 성경 구절 번역에 만족하지 않았다. 나중에 나는

*확대번역 성경*이 이치에 맞다는 것을 알게 되었다. 이 번역은 바울이 디모데 안에 낳았던 것을 가장 잘 입증하고, 왜 디모데의 도움이 필요했는지를 가장 잘 설명한다.

디모데가 도착하면 그를 안심시켜서 그가 여러분 가운데 두려움이 없이 있도록 주의하라. 이는 그는 나와 같이 주의 일을 헌신적으로 함이라. 아무도 그를 업신여기지 말고 그를 대수롭지 않다는 듯이 대우하지 말고 무시하지 않도록 주의하라. 그러나 진심으로 그의 길을 재촉하여 그를 평안히 보내어 나에게 오게 하라. 이는 내가 그가 다른 형제들과 함께 오도록 기다리고 있음이라.　　　고린도전서 16:10, 11(AMPC)

하나님의 일을 하기 위해, 우리는 우리가 누구인지 그리고 우리가 무엇을 가지고 있는지를 알아야만 한다. 예수님의 제자들이 그분이 고치려고 했던 태어나면서 장님인 사람에 대해 질문하자, 그 대답으로 예수님이 요한복음 9:4에서 말씀하신 것을 생각해 보라. **"나는 나를 보내신 분의 일들을 행하여야 하리라."** 우리가 이미 본 대로, 예수님이 자신이 누구신지 아셨던 것과 그분이 하신 일이 하나님 왕국을 위해 지속적인 결과를 낳도록 함께 역사하였다.

바울은 하나님의 도구를 사용하는 법을 아는 사람이 아시아 지역에 들어가는데 동행하기를 바랐다. 바울은 하나님의 일이 예수님이 굳게 약속하신 방식대로 나타난다면 수많은 사람들이 개종할 것을 알았다.

> 진실로 진실로 내가 너희에게 말하노니 나를 믿는 자는 내가 하는 일들을 할 것이요 또 이보다 더 큰 일들을 할 것이라. 이는 내가 내 아버지께로 가기 때문이라.　　　　　　　　　　　요한복음 14:12

예수님은 이것이 *일어날 것*이라고 말씀하셨다. 이것은 *반드시* 일어나야 하는 일이다. 이것은 우리가 이 성경 원리를 우리 삶에 적용할 때 *일어날* 일이다.

우리의 역할은 단순하다. 그저 우리는 성령이 우리를 성령의 훈련장으로 데려가도록 내어드려야 한다. 그곳에서 성령이 우리가 그리스도 안에서 누구인지에 대한 신비를 가르칠 것이다. 그곳에서 우리는 또한 하나님을 대신하여 우리가 하도록 부름받은 더 큰 일을 할 수 있도록 하나님이 이미 제공하신 영적인 도구를 사용하는 법을 배울 것이다.

12

당신이 알 때, 능력이 흐른다

이제 믿음은 바라는 것들에 대한 실상이요, 보이지 않는 것들에 대한 증거니.
히브리서 11:1

예수님의 일들을 하는 것을 생각할 때, 당신은 솔직히 정말 기름부음 받지 않았다고 느낄지도 모른다. 그 문제라면, 당신이 구원조차 받지 못했다고 느끼는 때가 있을지도 모른다. 그렇다. 하나님의 말씀은 왜 부족함을 느끼지 *말아야 하는지* 많은 이유를 제시하지만, 진실은 당신이 여전히 그렇게 느낀다는 것이다.

그렇기 때문에 히브리서 11:1은 아주 위안을 주는 구절이다. 본질적으로, 이 구절은 당신이 전혀 실재라는 것을 느끼지 못할 때도, 당신의 믿음이 하나님 안에 있는 모든 실재의 실상이라고 말한다.

믿음은 당신의 구원과 기름부음에 대한 실상이다. 믿음은 또한 당신이 실제로 할 수 있을 때 할 수 없다고 느끼지 않도록 부족함을 극복하는데 필요한 힘과 확신에 대한 실상이다.

우리는 믿음이라는 수행 방법을 가지고 있는 축복받은 사람들이다. 믿음이 있으면 한계가 없다. 우리의 유일한 한계는, 하나님이 이미 우리에게 약속하신 것을 기꺼이 믿지 않으려고 할 때 우리가 스스로에게 두는 한계이다.

아직 없는 것을 이미 있는 것처럼 선포하기

믿음은 하나님의 뜻을 알 때 영감을 받고 사용할 수 있다. 이는 믿음이 존재하기 위해 구체적인 증거가 필요하기 때문이다. 우리의 믿음의 힘은 하나님의 말씀의 힘이다. 그것은 믿음이 역사하기 위해서는 반드시 말씀이 절대적이고 확실하게 인식되어야 한다는 뜻이다.

믿음은 그것이 행해지는 곳에서 항상 *지금*이라는 현재 시제에 역사하는 것을 말씀 안에서 주목한 적이 있는가? 앞에서 논의한 대로, 예수님의 언어는 바리새인들의 언어와는 매우 달랐다. 예수님은 처음에 볼 수 없었던 것을 마치 이미 있는 것처럼 선포하셨다.

예수님의 명령은 항상 믿음으로 충만하였다. 예를 들면, 손 마른 사람에게 예수님은 말씀하셨다. "네 손을 펴라." 예수님은 "마른 손이 있는 팔을 나에게 달라."고 말씀하시면서 문제를 언급하지 않으셨다. 대신에, 예수님은 그 사람에게 육신의 눈에는 할 수 없는 것을 치유받기 위해 바로 그 순간에 하라고 선포하셨다.

이 원리에 대한 또 다른 예는 예수님이 양의 목자로서의 역할을 제자들에게 말씀하셨던 곳에서 볼 수 있다.

> 그가 자기 양들을 이끌어 낸 후 양떼 앞에서 걸어가면 양들이 그를 따라가나니 이는 양들이 그의 음성을 알기 때문이라. 그러나 그들이 낯선 사람은 따라가지 아니하고 오히려 그에게서 달아나나니 이는 그들이 낯선 사람들의 음성을 모르기 때문이라.　　　　요한복음 10:4, 5

같은 장 후반부에서 예수님은 이렇게 말씀하셨다.

> 나는 선한 목자라. 나는 내 양들을 알고 내 양들도 나를 아느니라. 아버지께서 나를 아시는 것같이 나도 아버지를 아나니 나는 양들을 위하여 나의 생명을 내어 놓느니라.　　　　요한복음 10:14, 15

　예수님은 자기 양들은 그분의 음성을 듣고 그분을 안다고 말씀하셨다. 예수님은 양들이 그분의 음성을 듣기 위해 일해야 한다거나, 양들이 그분을 안다는 것을 믿기만 하면 된다고 말씀하시지 *않았다*.
　후자의 방법은 많은 노력을 요구하지만 믿음은 전혀 없다. 그러나, 우리가 예수님의 말씀을 있는 그대로 받아들인다면, 우리는 모두 주님을 알고 주님의 음성을 들을 수 있다는 결론을 믿음으로 내려야만 한다.
　개인적으로 나는 항상 이렇게 말한다. "주님, 저는 주님을 알고 항상 주님의 음성을 듣는 것에 감사드립니다."

우리가 이런 말을 할 때, 우리는 주님이 우리에 대해 말씀하셨던 것과 동의하는 것이다. 따라서, 우리가 하나님의 말씀을 행하기 위해 하나님의 절대적인 신실함 가운데 믿음을 행사할 때 결과에 대한 근거를 가지는 것이다.

요한복음 8장에서, 예수님은 이와 같은 원리를 설명하셨다. **"진리를 알게 되리니 그 진리가 너희를 자유롭게 하리라."**(요 8:32)

진리가 저절로 우리를 자유롭게 할 수 있었다면 우리의 모든 삶에서 이미 그렇게 했을 것이다. 그러나 우리를 자유케 하는 진리는 우리가 아는 진리이다.

나는 어렸을 때부터 예수님이 내 죄를 위해 죽으셨다는 것을 알고 자랐다. 그 결과, 나는 예수님을 나의 구세주로 받아들였다. 나는 구원받았음에도, 구원이 치유를 포함한다는 것을 아직 몰랐다. 그러므로 나는 그 특정한 진리를 활용할 수 없었고, 그 진리가 나를 병과 질환으로부터 자유케 할 수 없었다.

우리는 또한 이 원리가 마태복음 16:13-19에서도 작동하는 것을 볼 수 있다.

예수께서 카이사랴 빌립보 지경에 오셨을 때 제자들에게 물어 말씀하시기를 "사람들은 인자인 나를 누구라 말하느냐?"고 하시니, 그들이 말씀드리기를 "어떤 사람들은 침례인 요한이라 하며, 어떤 사람들은 엘리야, 또 어떤 사람들은 예레미야 혹은 선지자들 가운데 한 사람이라 하나이다."라고 하니라. 주께서 그들에게 말씀하시기를 "그러면 너희는 나를 누구라 말하느냐?"고 하시니, 시몬 베드로가 대답하여 말씀드리기를 "주는 그리스도, 곧 살아 계신 하나님의 아들이시니이다."라고 하더라. 예수께서 대답하여 그에게 말씀하시기를 "바요나 시몬아, 네가 복이 있도다. 이를 너에게 나타낸 것은 혈과 육이 아니라 하늘에 계신 나의 아버지시니라. 나도 너에게 말하노니, 너는 베드로라. 그리고 이 반석 위에 내가 나의 교회를 세우리니, 지옥의 문들이 그것을 이기지 못하리라. 그리고 내가 천국의 열쇠들을 너에게 주리니, 네가 무엇이든지 땅에서 묶으면 하늘에서도 묶일 것이요, 또 네가 무엇이든지 땅에서 풀면 하늘에서도 풀릴 것이니라." 하시니라.

예수님이 그리스도라는 사실이 저절로 지옥의 문이 교회를 이기지 못하게 할 수 있었다면 이미 그렇게 했을 것이다. 그러나 각 사람이 스스로 아는 진리가 그를 자유케 하는 진리이다.

그렇다. 예수님이 그리스도이신 것은 사실이다. 그러나 우리가 예수님을 그리스도로서 개인적으로 아는지 모르는지가 지옥의 문이 우리에게 어떻게 반응할 것인지를 결정한다.

요한일서 5:14, 15은 이 원리에 관해 한층 더 우리를 설득한다.

우리가 그의 안에서 가지는 담대함이 이것이니, 그의 뜻대로 무엇이든지 구하면, 그가 우리를 들으시는 것이라. 우리가 구하는 것은 무엇이나 그가 들으시는 줄 안다면, 우리가 그에게 구한 요청들을 받은 줄도 아느니라.

요한은 이 구절을 담대함에 대한 강력한 메시지로 시작한다. 심지어 그는 담대함이 어떻게 정의되는지 우리에게 말해주려고 한다. **우리가 그의 안에서 가지는 담대함이 이것이다.**

진정한 담대함은 하나님 외에는 누구에게도 찾을 수 없다. 그러나 여기에 조건이 있다. 요한이 다음 구절을 "만약"으로 시작하는 것을 주목하라. **만약 우리가 그의 뜻대로 무엇이든지 구하면…**

하나님의 뜻은 단순하게 하나님의 말씀이다. 하나님은 그분이 믿는 것이 무엇인지 기억하기 위해 성경을 기록하지 않으셨다. 하나님은 우리가 하나님의 뜻과 우리를 위한 하나님의 마음의 갈망을 알도록 성경을 기록하셨다.

우리가 하나님의 뜻을 기도할 때, 하나님은 즉시 우리의 기도를 들으신다. 이것은 우리가 하나님의 뜻을 아는 한 우리 기도의 자동적인 결과이다.

다르게 말해 보겠다. 우리가 성경의 사실이나, 하나님이 우리를 위해 행하신 것에 대한 약속이나, 하나님이 하시기를 기대할 수 있는 것을 가지고 있다면, 우리는 그 약속에 따라 기도하기만 하면 된다. 우리가 기도할 때 하나님이 우리 기도를 들으실 것이다. 이것은 우리가 믿을 수 있는 절대적 진리이고 그것에 대해 질문의 여지가 없다.

다음 절은 말한다. **그가 들으시는 줄 우리가 안다면…** 이것은 하나님의 뜻으로 기도하는데도 하나님이 들으셨는지 모를 수 있다는 뜻일까? 그렇다. 사람들은 항상 그렇게 한다. 그들은 기도한 다음, 기도할 때 실제로 믿었다는 것을 알 수 있도록 응답이 나타나기를 기다린다.

우리가 기도 응답을 이미 보았다면, 믿기 시작한다는 것은 너무 늦었다는 말이 맞지 않는가? 하나님은 *우리가 기도할 때* 믿음을 사용하기 원하신다.

요한은 계속해서 그의 주장을 뒷받침한다. **우리가 구하는 것은 무엇이나 그가 들으시는 줄을 안다면 우리가 그에게 구한 요청들을 받은 줄도 아느니라.**(15절)

예수님은 **아들을 믿는 자는 영생을 가졌다**(요 3:36)고 말씀하실 때 같은 원리를 우리에게 주셨다. 다시 말하지만, *믿는 것은 소유하는 것이다.*

왜 우리는 우리의 탄원에 응답을 보는 것일까? 왜냐하면 우리는 하나님의 뜻을 알고, 우리가 기도할 때 하나님이 우리를 들으시는 줄 알며, 우리가 구한 것을 우리가 가지는 줄을 알기 때문이다. 이것이 참된 믿음에서 나오는 담대함이다.

이제 요한일서 5:11-13을 보도록 하자.

또 증거는 이것이니, 하나님께서 우리에게 영생을 주신 것과, 이 생명이 그의 아들 안에 있다는 것이라. 그 아들이 있는 자는 생명이 있고 하나님의 아들이 없는 자는 생명이 없느니라. 내가 하나님의 아들의 이름을 믿는 너희에게 이런 것들을 씀은 너희에게 영생이 있음을 알게 하려 함이며, 또한 너희가 하나님의 아들의 이름을 믿도록 하려 함이라.

요한은 11절과 12절에서 영생과 그 중요성을 말한다. 그런 다음 13절에서, 그는 이 서신서를 기록한 이유를 말한다. 우리가 영생을 가진 것을 알게 하려 함이다. 이 성경 구절에 따르면, 우리가 영생을 가졌다는 것을 아는 것은 영생이 우리 삶에 역사하는 이유이다.

영생을 소유했지만 그 신성한 생명이 그들의 삶에 뚜렷한 효과가 없는 것 같은 사람들을 당신은 얼마나 많이 알고 있는가? 그들은 확실히 영생을 가진 것을 알지만 영생이 어떻게 역사하는지 모른다.

대답은 간단하다. 우리가 영생을 가진 것이 어떤 의미인지 깨달을 때야 비로소 그 생명이 우리가 보고 경험할 수 있는 방식으로 우리 삶 안에 그리고 우리 삶을 통해 흐르기 시작한다.

보다시피 우리가 하나님으로부터 온 무엇을 소유했다는 것을 이해하는 것으로 충분하지 않다. 또한 우리가 소유한 것을 믿기 시작할 때 그것이 우리 삶에 역사하기 시작한다는 것을 반드시 알아야 한다.

엘리야와 엘리사 : 기름부음으로 행하기

우리가 이야기해야 할 두 사람이 있다. 그 둘은 큰 확신으로 기름부음을 사용했던 사람들이다. 이 사람들은 성령으로 기름부음 받은 구약의 선지자들이었고, 바로 엘리야와 엘리사였다.

엘리사는 엘리야의 사역을 따랐고 엘리야가 죽었을 때 스승에게 있던 갑절의 기름부음을 받았다. 이 두 선지자의 놀라운 점은 하나님이 예언 사역을 위해 영적인 도구로 주신 기름부음을 사용하는 법을 아주 잘 그리고 아주 완벽하게 이해했다는 것이다. 그들은 자기들이 소유했던 것에 너무나 확신이 있어서 하나님이 어떤 일을 시작하지 않으실 때, 자신의 믿음을 사용했고 기름부음은 유사한 결과를 낳았다.

열왕기상 18:1에서 우리는 하나님이 메시지를 가진 엘리야를 사악한 아합왕과 이세벨 왕비에게 보냈던 것을 본다.

여러 날이 지난 후, 제삼년에 주의 말씀이 엘리야에게 임하여 말씀하시기를 "가서 아합에게 보이라. 그리하면 내가 땅에 비를 내리리라." 하시더라.

하나님이 이 상황을 시작하셨지만, 다음에 갈멜산 꼭대기에서 일어났던 장면에서는 여호와의 말씀이 없었다. 그곳에서 엘리야는 450명의 바알 선지자들과 400명의 아세라 선지자들에게 겨뤄보자고 도전하였다(왕상 18:17-40).

엘리야가 도전한 근거는 하나님의 명령이었다. **너는 내 앞에 다른 신들을 두지 말라.**(출 20:3) 엘리야는 도전에 대한 일반적인 근거로 기록된 말씀을 가지고 있었지만, 여호와로부터 구체적인 말씀을 받지는 않았다. 그럼에도 불구하고, 기름부음을 가지고 이 죄에 도전하는 엘리야의 믿음은 제물을 태우는 하나님의 불을 내려오게 하였다. 하나님은 엘리야의 믿음과 그의 기름부음을 존중하셨다. 선지자가 주의 일을 위해 기름부음을 사용하는 한, 결과를 얻을 것이라 기대할 수 있었다.

이제 엘리사에게 주의를 돌려 보자. 엘리사가 기름부음을 믿었다는 것이 명백하다. 그는 기름부음을 사람들에게 사용하기 전에 요단강에서 그것을 시험하였다.

엘리야와 엘리사는 요단강을 마른 땅 위로 함께 건넜다. 엘리야가 하늘로 사로잡혀 올라가 이 젊은 선지자와 더 이상 함께 있지 않았기 때문에 엘리사는 기름부음을 나타내는 엘리야의 겉옷을 취했다. 즉시 엘리사는 겉옷을 가지고 요단강 가로 가서 물을 치며 소리쳤다. **주 엘리야의 하나님은 어디 계시나이까?**(왕하 2:14)

엘리야를 위해 그랬던 것처럼 엘리사의 믿음에 반응해서 물이 갈라졌다. 우리가 열왕기하 4:1-3에 나타난 것을 보듯이, 그가 구했을 때 하나님의 기름부음이 그에게 임했다는 지식으로 엘리사는 자기 삶에 하나님이 두신 기름부음에 대해 큰 확신을 가지게 되었다.

그때 선지자들의 아들들의 아내들 중 어떤 여인이 엘리사에게 부르짖어 말하기를 "당신의 종 나의 남편이 죽었나이다. 당신은 당신의 종이 주를 두려워하셨음을 아시나이다. 그런데 채권자가 와서, 내 두 아들을 취하여 그의 종으로 삼고자 하나이다." 하자 엘리사가 그녀에게 말하기를 "내가 너를 위하여 어떻게 하랴? 네가 집에 무엇을 가지고 있는지 내게 말하라." 하니 그녀가 말하기를 "당신의 여종이 집에 기름 한 병 외에는 아무것도 가진 것이 없나이다." 라고 하더라. 그러자 엘리사가 말하기를 "가서 네 모든 이웃에게서 그릇들을 빌려오라. 빈 그릇을 빌리되 조금 빌리지 말라.

엘리사는 그 여인에게 질문하면서 시작했다. "내가 너를 위하여 어떻게 하랴?" 이 말은 예수님이 장님 바디매오에게 하신 말씀처럼 들린다. "내가 너에게 무엇을 해주기를 원하느냐?"(막 10:51)

엘리사는 계속해서 이 불쌍한 여인에게 따라야 할 지시를 주었다. 예수님은 여러 번 이와 같은 방식을 실천하셨다. 지시를 따르는 그 사람의 순종이 기름부음이 역사하는 여부를 결정하였다.

바울이 루스드라에서 믿음이 있음을 알았던 절름발이에게 말했을 때 같은 일이 벌어졌다. 바울은 큰 소리로 말했다. "네 발로 똑바로 일어서라." 그 사람이 바울이 말한 대로 했을 때 온전히 치유되었다(행 14:8-10).

열왕기하 4:4-6에 기록된 대로 그 여인이 엘리사의 지시를 따랐을 때, 기적이 일어났다. 엘리사는 그 여인에게 말했다.

그리고 안으로 들어가서 너와 네 아들들은 문을 닫은 후 그 모든 그릇들에 부어 가득 찬 것을 옆으로 놓으라." 하자 그녀가 엘리사로부터 가서 그녀와 그녀의 아들들이 문을 닫은 후 그 아들들이 그녀에게 그릇들을 가져오니 그녀가 붓더라. 그 그릇들이 다 찬지라, 그녀가 아들에게 말하기를 "그릇을 내게 더 가져오라." 하자 아들이 말하기를 "그릇이 더 없나이다." 하니 기름이 그쳤더라.

엘리사가 관계된 다음 사례는 4장 뒷부분에 일어난다. 이것은 죽었다가 살아난 수넴 여인의 아들에 관한 이야기이다.

엘리사는 아이가 없는 수넴 여인에게 내년 이맘때에 아들을 낳을 것이라고 약속하면서 말했다. 과연 하나님의 사람의 말에 따라 그녀는 아들을 얻었다(8-17절).

그러고 나서 그 아들이 아파서 죽었다. 어머니가 **"주께서 살아 계시는 한, 또 당신의 혼이 살아 있는 한 내가 당신을 떠나지 아니하겠나이다."** (30절)라고 말하면서 엘리사를 찾았다. 이 여인은 자기의 기적을 놓치지 않았다! 그래서 엘리사에게 상황에 대한 소식이 닿자, 그는 종에게 무엇을 할지 말하면서 조치를 취했다.

> 엘리사가 게하시에게 말하기를 "네 허리를 동이고 내 지팡이를 네 손에 들고 길을 가라. 누구를 만나든지 인사하지 말며 누가 네게 인사하더라도 대답하지 말고 내 지팡이를 그 아이의 얼굴에 놓으라." 하더라.
>
> 열왕기하 4:29

엘리사는 그의 종에게 아이에게 사역하라고 지시를 내렸고 그가 아이의 얼굴에 지팡이를 놓으면 살아날 것이라고 했다. 엘리사는 명백하게 아이가 다시 살아날 것이라는 믿음이 있었다.

구약의 선지자는 흔히 이런 식으로 일했다. 아픈 사람의 몸에 지팡이를 놓는 관행은 오늘날 교회에서 안수하는 것에 비유될 수 있다. 그러나 종이 엘리사가 지시한 대로 했을 때, 아이의 죽은 몸은 반응하지 않았다.

나는 엘리사가 지팡이를 얹어 놓으면 그 아이가 치유될 것이라고 믿었다는 것이 놀랍다. 엘리사는 지연전술을 쓰려고 시도한 것이 아니었다.

그는 하나님의 일을 하고 있었다. 그는 아이가 병상에서 일어나지 못했을 때 동요하지 않고 더 집중하였다.

엘리사가 직접 현장에 도착했을 때, 그는 아이가 누워있던 방으로 들어가 문을 닫았다. 그리고는 여호와께 기도하였다(31-33절).

사태의 중함을 볼 수 있는가? 엘리사는 너무나 하나님의 기름부음을 굳게 믿고 있어서 아이를 죽음에서 살리겠다는 전적인 의도를 가지고 기름부음으로 직접 일했다! 엘리사는 아이가 일어나지 않을 것이라는 생각은 전혀 하지 않았던 것 같다. 선지자는 그를 살릴 또 다른 방법이 있다는 것을 깨달았던 것 같다.

하나님은 엘리사에게 어떻게 할지를 보여주셨고 엘리사는 순종했다. 선지자는 아이 위에 두 번 올라가서 엎드렸고 아이는 다시 살아났다(34-37절).

이 상황에서 엘리사가 이전에 엘리야가 과부의 아들을 죽음에서 살리는 것을 목격한 것이 도움이 되었다고 생각하는가? 확실히 그랬다. 그것은 그 일이 가능하다는 것을 믿는 엘리사의 의식을 높였다.

우리와 함께 그리고 우리를 통해 일하시는 하나님을 믿는 방식이 세상에 중요한 영향을 미치게 된다.

여기에 엘리사가 기름부음으로 행했던 세 가지 예가 더 있다.

엘리사가 다시 길갈에 오니라. 그때 그 땅에 흉년이 들었는데 선지자들의 아들들이 그의 앞에 앉아 있는지라, 엘리사가 그의 종에게 말하기를 "큰 솥을 걸고 선지자들의 아들들을 위하여 국을 끓이라 하더라." 그때

> 한 사람이 나물을 캐러 들로 나가서 야생 덩굴을 발견하여 거기서 야생 박을 그의 옷자락에 가득 담아 와서 국 끓이는 솥에 썰어 넣었으니 이는 그것이 무엇인지 그들이 알지 못함이었더라. 그리하여 그들이 사람들에게 떠 주어 먹게 하니 그들이 국을 먹다가 소리질러 말하기를 "오 하나님의 사람이여, 솥에 죽음이 있나이다." 하고 그들이 먹지 못하더라. 그러나 엘리사가 말하기를 "굵은 가루를 가져오라." 하여 그것을 솥에 던져 넣고 말하기를 "사람들에게 떠 주어 먹게 하라." 하니 솥에 독이 없어졌더라. 열왕기하 4:38-41

보다시피, 솥에 독이 있었을 때 그것을 먹고 있었던 사람들이 즉시 어떻게 할지를 하나님의 사람에게 상의하였다. 엘리사는 "굵은 가루를 가져오라."고 대답하였다.

엘리사는 모든 해로운 박테리아를 죽이는 특별한 종류의 밀가루를 요구하고 있는 것이 아니었다. 그는 단순히 말했다. "굵은 가루를 가져오라." 이 상황에서 여호와의 말씀은 없었고 그것은 그저 엘리사의 계획이었다. 그는 기름부음을 가진 하나님의 사람이었고 기름부음이 자기와 함께 일할 것을 알았다.

엘리사의 지시를 따랐을 때 기름부음이 일하기 시작했다. 믿음으로 선지자는 말했다. "이제 국을 사람들에게 떠 주어라." 그리고 사람들이 먹기 시작했을 때, 국이 괜찮아졌다는 것을 알게 되었다.

우리는 엘리사가 잃어버린 도끼 머리를 되찾았을 때 유사한 상황을 발견한다.

선지자들의 아들들이 엘리사에게 말하기를 "보소서, 이제 우리가 당신과 함께 거하는 장소가 우리에게 너무 협소하나이다. 우리가 청하오니 우리로 요단으로 가서 거기서 각자 목재 하나씩을 취하여 거기에 우리를 위하여 우리가 거할 한 처소를 만들게 하소서." 하니 그가 대답하기를 "너희는 가라." 하더라. 또 한 사람이 말하기를 "내가 청하오니 좋게 여기신다면 당신도 당신의 종들과 함께 가소서." 하니 그가 대답하기를 "나도 가리라." 하더라. 그리하여 그가 그들과 함께 갔으니 그들이 요단에 가서 나무를 베더라. 한 사람이 목재를 베는데 도끼 머리가 물에 떨어진지라, 그가 소리질러 말하기를 "아아, 선생님이여! 이것은 빌려 온 것이니이다." 하니 하나님의 사람이 말하기를 "도끼가 어디에 떨어졌느냐?" 하자 그가 엘리사에게 그 자리를 보여 주더라. 엘리사가 나뭇가지를 베어 물에 던지니 그 쇳덩이가 떠오른지라. 그러므로 그가 말하기를 "그것을 네게로 집어 올리라." 하니 그 사람이 손을 내밀어 그것을 잡았더라.   열왕기하 6:1-7

도끼 머리를 잃어버렸다. 그럼에도 엘리사는 물었다. "도끼가 어디에 떨어졌느냐?"

선지자는 스노클을 입고 물속으로 뛰어들어 강바닥을 찾기 시작한 것이 아니었다. 대신에, 그는 나뭇가지를 잡고 도끼가 떨어진 지점으로 걸어갔다.

왜 나뭇가지일까? 알아보도록 하자. 기름부음이 나무인 지팡이에 머무를 수 있다면, 작은 나뭇가지에도 스며들 수 있다.

엘리야는 나뭇가지를 바로 그 장소의 물에 던졌다. 그는 그 지점에 기름부음을 놓았고 기적은 일어났다. 이 경우에 하나님의 말씀이 개입한 것은 없었다. 단순히 엘리사는 어떻게 하나님이 그와 함께 일하실 것인지 알고 있었다.

우리라면 어떻게 했을까? 우리는 모퉁이 철물점으로 달려가 도끼 머리를 살 충분한 돈이 있는지를 보려고 모든 사람을 불러모았을 것인가? 우리는 생각도 없이 신용카드를 꺼내서 결제했을 것인가?

나는 이것은 오직 하나님의 도움으로 승리하는 법을 아는 창조적인 마음에 대한 훌륭한 예라고 생각한다. 그러나 그러한 예들은 엘리사와 같은 성경 인물에만 제한되어서는 안 된다. 확실히 구약 선지자가 하나님과 일하는 것을 배울 수 있다면, 신약의 하나님의 아들들도 배울 수 있다!

엘리사와 같이 우리는 하나님과 동역자들이다. 하나님은 우리와 함께 일하시고 우리는 하나님의 계획의 궁극적인 선을 위해 하나님과 함께 일한다. 이것을 주목하라. 우리는 한 가지 특정한 방식과 다른 방식으로 결과를 낳기 위해 경쟁하지 않는다. 예수님의 사역에서 최종 결과는 항상 같았다. 예수님이 그러한 결과를 성취한 방식은 각 상황에 따라 달랐다.

엘리사의 사역에서 한 가지 예를 더 고려해 보자. 이 구절은 우리가 방금 보았던 구절과 다르지만, 결과는 궁극적으로 같다.

어떤 사람이 바알살리사로부터 왔는데 첫 열매들로 만든 빵, 즉 보리 빵 이십 덩이와 자루에 가득 담은 이삭을 하나님의 사람에게 가져온지라, 엘리사가 말하기를 "사람들에게 주어 먹게 하라." 하더라. 그러자 그의 사환이 말하기를 "무슨 말씀이니이까! 내가 이것을 일백 명 앞에 차려 놓으리이까?" 하니 엘리사가 다시 말하기를 "사람들에게 주어 그들로 먹게 하라. 주께서 이같이 말씀하시기를 '그들이 먹고 남기리라.' 하시느니라." 하더라. 그리하여 그가 그것을 그들 앞에 차려 놓으니 주의 말씀과 같이 그들이 먹고 남겼더라. 열왕기하 4:42-44

여기서 주님의 말씀이 엘리사가 증가의 기적을 행하도록 인도하셨다. 선지자의 지시를 따랐을 때, 기름부음은 보리빵을 증가시켰다.

전에처럼 이 상황에서 모든 필요한 요소들이 있었다. 말씀은 기름부음 받았다. 유일한 차이는 지시가 다른 출처에서 시작되었다는 사실이다. 그러나 우리가 엘리사의 뜻이 완전히 하나님의 뜻에 복종했다는 사실을 고려한다면, 두 기적의 출처는 정말 똑같다는 것을 알 수 있다.

같은 일이 우리 삶에도 사실이어야 한다. 우리는 그리스도와 하나이다. 그분의 뜻이 우리의 뜻이 되어야 한다. 그러므로, 우리는 하나님이 주신 기름부음으로 믿음 안에서 일하기 때문에, 역사할 것인지 보기 위해 새로운 "말"을 만들어 내는 면허증이 없다. 반드시 우리는 하나님의 인도를 받고 언제나 하나님의 마음을 따르기 위해 진지하게 노력해야 한다.

하나님 안에서 담대하라

하나님이 권능을 나타내시는 가운데 당신을 사용하도록 내어드릴 때,

주님이 나와 함께 시작하셨던 대로 시작하기를 추천한다. 먼저, 당신이 주님의 말씀을 들을 때까지 기다리라. 주님이 당신을 개인적으로 가르치시게 하고 당신과 함께 어떻게 일할 것인지를 보여주시게 하라. 당신이 성령께 마음을 계속 고정하고 있으면 성령은 당신을 가르치시고 인도하신다는 것을 기억하라.

나는 이 점에 대해 하나님이 나와 함께 일했던 방식 중 하나를 이야기하고자 한다. 아마도 이 실례는 그리스도 안에서 당신이 누구인가와 그리스도 안에서 당신이 가지고 있는 것의 충만함 가운데 더 잘 행하는 법을 배우게 도와줄 것이다.

매일 치유학교에서 일하는 것은 아주 부담이 크다. 나는 무슨 말을 할지, 무엇을 할지 알려고 성령의 기름부음을 구하기 위해 항상 성령께 의지해야만 한다. 결국, 치유학교에 치유가 없다면 어떻게 될까? 그냥 학교이다.

나는 항상 성공하려는 의욕을 가지고 있다. 그러므로 나는 치유학교에 참석한 사람들이 치유받고 궁극적으로 하나님께 영광 돌리기 위해 나를 도우시는 하나님께 의지했다.

하나님은 내게 이 책에서 나눈 계시와 나중에 성령에 관한 책에 기록할 다른 진리를 주시기 시작했다. 주님이 말씀 안에서 나를 인도하신 지시는, 큰 담대함과 내가 나의 역할을 하면 하나님은 하나님의 역할을 할 것이라는 확신에 찬 지식을 점차적으로 만들어 내었다.

첫째, 나는 피의 언약으로 시작하였다. 나는 어떻게 하나님이 스스로를 언약의 조건에 구속하였는지를 보았다. 나는 하나님이 이렇게 하셔서 우리를 대신하여 말씀을 기꺼이 행하려는 하나님의 마음과 능력에 대해 우리가 담대하고 대담한 믿음을 가질 수 있게 하신다는 것을 깨달았다.

내가 더 강하게 설교하고 가르칠수록, 성령은 더 나를 격려하여 훨씬 담대하게 하셨다. 나는 그것이 가능하다고 생각하지 않았다. 나는 할 수 있는 최선을 다했고, 매번 더 많은 일이 일어났다. 그러나 그때 주님은 다시 말씀하셨다. *"좀 더 담대하여라!"*

나는 더 큰 담대함에 대한 강한 근거를 주는 하나님 말씀의 진리를 계속해서 배웠다. 주님이 나를 더 멀리 인도할수록, 더 많은 결과가 나왔다.

어느 날 주님이 정말 나에게 충격적인 말씀을 하셨다. 내가 치유학교 집회에 가려고 사무실 문을 걸어 나오면서 하나님께 물었다. "오늘은 제가 하지 않았던 어떤 말을 할까요?" 나는 무엇을 해야 할지 모르겠다고 느꼈다.

그때 나는 내 뒤에서 주님이 들리는 목소리로 말씀하시는 것을 들었다. 주님은 말씀하셨다. *"네가 무엇을 하든지 나는 너를 지지할 것이다."*

나는 누가 그 말을 하는지 보려고 둘러보았다. 다시 한번 주님이 말씀하셨다. *"네가 무엇을 하든지 나는 너를 지지할 것이다."*

나는 말했다. "주님, 주님은 *내가* 무엇을 *하든지*라고 말씀하지 않으셨지요?"

세 번째로 나는 주님이 말씀하시는 것을 들었다. *"네가 무엇을 하든지 나는 너를 지지할 것이다."*

내가 문을 나서서 집회에 갈 때, 즉시 내가 하나님 안에서 다른 위치로 올라갔다는 것을 느꼈다. 나는 믿음의 발을 내딛음으로 하나님을 놓칠 위험이 그렇게 두렵지 않았다. 내 사무실에서 주님이 주신 개인적인 말씀은 내가 주님과 함께 일할 때 주님은 나와 함께 일할 것이라는 새로운 확신을 주었다.

며칠 후 나는 이와 같은 생각을 숙고하고 있었다. 내가 다시 문을 나서서 집회로 갈 때 나는 말했다. "주님, 오늘 집회가 끝나기 전에 최소한 두 사람이 치유될 것입니다." 내가 그 말을 주님의 말씀에 대한 대답으로 한 것일까? 아니다, 나는 그저 믿음으로 그렇게 말했다.

하나님이 예수님을 보내셔서 하게 하신 그 똑같은 일을 믿음으로 하고자 하는 사람과 함께 일하시는데 문제가 있다고 생각하는가? 물론 하나님은 그렇지 않으시다.

집회가 시작될 때, 나는 담대하게 회중들에게 말했다. "오늘 집회가 끝나기 전에, 여러분들은 적어도 두 사람이 치유되는 것을 볼 것입니다."

설교하면서 나는 사람들에게 계속 되풀이해서 말했다. 집회 중간 즈음에, 나는 때가 왔다고 정하고 말했다. "지금 당장 첫 번째 사람이 치유될 것입니다."

나는 앞줄에 앉아 있는 여인을 보고 물었다. "그 첫 번째 사람이 되기 원하십니까?"

"예." 그녀는 대답했다.

그때 나는 성령의 인도를 받는 것 같지 않았다. 그러나 내가 이 이야기를 마치기 전에 당신은 주님이 이런 방식으로 믿음으로 발을 내딛도록 실제로 인도하고 계셨다는 것을 알게 될 것이다.

이 여인은 적어도 15년 동안 근육질환을 앓아왔다. 그녀는 그 기간 내내 끊임없는 통증을 견뎠다. 나는 그녀의 이마에 거의 손을 대지 않았는데 그녀의 얼굴에 나타난 기쁨이 말을 해주었다. 그녀는 즉각적으로 치유되었고 우리는 하나님께 영광 돌렸다.

이 일은 수요일에 있었다. 우리는 보통 목요일에 치유학교에서 아픈 사람들에게 안수했다.

그래서 나는 이 여인에게 말했다. "내일 우리는 아픈 사람들에게 안수할 것입니다. 다른 것이 필요하다면 내일 오십시오. 당신에게 다시 안수할 것입니다." (지금 나는 그런 식으로 할 필요가 없었다는 것을 알지만, 그 특별한 날에는 이 여인에게 그렇게 말했다.)

그녀는 말했다. "오늘만이 제가 올 수 있는 유일한 날이었습니다."

물론, 우리는 그녀가 올 수 있는 그 날 하루 만에 치유된 것을 기뻐하였다!

나는 계속 설교하였고 약 15분 뒤에 다른 여인을 가리키며 물었다. "당신은 오늘 치유받는 두 번째 사람이 되고 싶습니까?"

"예." 그 여인이 대답했다.

그래서 내가 그녀에게 물었다. "치유가 어디에 필요합니까?"

그 여인은 발바닥에 뼈가 돌출되어 참기 어려운 통증이 있다고 설명하였다.

눈 하나 깜짝하지 않고 나는 그 여인에게 말했다. "통로로 나가서 일어서서 발로 바닥을 치십시오. 그렇게 할 때 치유될 것입니다."

그 여인은 내가 지시한 대로 했고 완전히 치유받았다!

우리는 모두 다시 기뻐하였고 그런 다음 나는 그 여인에게 말했다.

"내일 우리는 아픈 사람들에게 안수할 것입니다. 다른 것이 필요하다면 내일 오십시오."

첫 번째로 치유받았던 여인처럼, 이 두 번째 여인이 대답했다. "오늘만이 제가 올 수 있는 유일한 날이었습니다."

얼마나 하나님이 이 두 여인을 치유하기 원하셨는지 생각해 보라! 내가 믿고 결과를 기대하는 위치를 취하지 않았다면 어떻게 되었을까?

내가 그날 아무에게도 개인적으로 치유사역을 하지 않아 그들은 치유를 받지 못하고 집으로 갔을 확률이 높다. 하나님이 어떻게 나와 함께 일하셔서, 내가 그날 치유학교에 대한 하나님의 궁극적인 계획에 다가가 예수님의 일을 할 수 있게 하셨는지 보는가?

친구여, 나는 당신이 이미 그렇게 하지 않았다면, 당신의 제한된 기대 상자에서 나오기 위해 하나님이 당신에게 요구하시는 것을 하라고 도전한다. 종교를 뒤로하고 오늘날 당신의 삶에서 하나님이 하나님 되기를 원하시는 방식을 발견하기로 결단하라.

하나님이 이 땅에서 행하고 계신 일과 하나님이 당신을 통해 하기 원하시는 일에 흥분하라. 하나님은 사람을 차별하지 않으신다. 다른 사람들은 나가서 하나님의 영광과 다른 사람들의 유익을 위해 예수님의 일을 하고 있다. *당신도 할 수 있다!*

결론

이 책에 당신의 시간을 투자한 것에 개인적으로 감사하고 싶다. 당신이 방금 읽었던 글은 하나님이 당신이 되기를 의도하신 모든 것이 되라고 도전하기 위해 쓰였다. 이 글은 깊은 긴박함으로 썼는데, 이는 역사상 이렇게 중요한 때가 없었기 때문이다. 그리스도의 완성된 사역이 이 땅에 시행되어야 하는 이런 필요가 있었던 적은 없었다. 틀림없이, 사람들의 의도는 선하고 그들의 마음은 순수했으나 주님의 사역을 적용하는 것은 부족했다.

그러면 이런 질문이 생긴다. 우리는 현재 있는 모습 그대로 예수님의 임재 안에 서는 것이 자랑스러울까? 아마도 우리는 주님께 우리가 완성한 모든 프로젝트와 우리가 했던 모든 선한 일들을 보여줄 수 있을 것이다. 그러나 하나님께 감동을 받은 영혼들과 하나님의 마음을 통해 주어진 방식을 따라 성취된 신성한 부르심에서 오는 영원한 트로피들은 어떨까?

유다는 믿음을 위하여 *힘써 싸우라*고 우리를 권고했다(유 1:3). 그는 그저 아무 믿음에 대해서 말하고 있는 것이 아니고 한때 성도들에게 주어진 믿음을 말하는 것이다. 즉, 이 믿음은 예수님이 사역에서 보여주셨던 믿음이다.

우리가 하나님 안에 있는 우리의 도구의 충만함을 경험하고 활용하는 것은 아주 중요하지만, 예수님과 같은 종류의 믿음이 우리 삶에 나타나도록 힘써 싸울 때 그렇게 할 수 있다. 우리는 하나님 안에서 담대하고 용감하고 강하기로 결단할 때만이 하나님의 충만함을 알 수 있다.

한때 위대한 하나님의 사람이 성령 안에서 담대함을 보여줄 자들을 그의 군대에서 찾고 계시는 하나님의 소리를 들을 수 있었다고 말했다. 그 담대함은 말씀을 전파하는 담대함과 하나님의 성령과 함께 움직이는 담대함이다. 담대함을 향한 하나님의 부르심은 오늘날도 여전히 사람들의 마음을 향하고 있다.

누가 일어나서 당면한 임무를 책임지겠는가? 당신이 하겠는가? 주님이 오실 때까지 당신이 바로 이 세상의 필요에 대한 해답이다. 그것을 믿겠는가? 그것을 받아들이겠는가?

나의 친구여, 하나님의 충만함을 경험하고자 한다면, 먼저 당신이 하나님의 명령을 받아들여야 한다. 하나님은 지금 당장 당신을 부르시면서 말씀하고 계신다. "네가 누구인지, 네가 무엇을 가지고 있는지 알라. 그리고 네가 무엇을 할 수 있는지, 무엇을 해야 하는지 알라. *내가 올 때까지!*"

살아가야 할 말씀

아래 성경 말씀들은 하나님의 생명과 능력이 지속적으로 예수님 안에 그리고 예수님을 통해 다른 사람들에게 흘러가게 했던 예수님의 생각들이다. 이 성경 말씀들을 당신의 삶에 적용하기 위해 묵상하고 담대하게 말하고, 이 말씀들이 당신을 통해 이루어지는 것처럼 행동할 준비를 하라. 예수님이 그것을 생각하셨다면, 우리도 마땅히 생각해야 한다. 예수님이 그것을 말씀하셨다면, 우리도 마땅히 말해야 한다. 예수님이 그것을 살아내셨다면, 반드시 우리는 기꺼이 이렇게 말해야 한다. "아멘. 내 안에 살아 있을지어다!"

그분 안에 생명이 있었으니 그 생명은 사람들의 빛이라. 그 빛이 어두움 속에 비치어도 어두움은 그것을 깨닫지 못하더라. 요한복음 1:4, 5

그러나 누구든지 그를 영접한 사람들에게는 하나님의 아들들이 되는 권세를 주셨으니 즉 그의 이름을 믿는 사람들에게니라. 그들은 혈로나 육신의 뜻으로나 또한 사람의 뜻으로 나지 아니하였고 하나님에게서 난 사람들이라. 요한복음 1:12, 13

우리 모두가 그의 충만한 데서 받았으니 은혜 위에 은혜니라.

요한복음 1:16

아무도 어느 때나 하나님을 본 사람이 없지만 아버지의 품 안에 계신 독생자 그가 하나님을 분명히 밝히셨느니라. 요한복음 1:18

예수님이 아버지를 세상에 밝히 드러내셨기 때문에 우리도 반드시 예수님을 세상에 밝히 드러내고 소개해야 한다.

진실로 진실로 내가 너에게 말하노니 우리는 아는 것을 말하고 또 본 것을 증거하노라. 그래도 너희는 우리의 증거를 받아들이지 아니하는도다.

요한복음 3:11

예수께서 그들에게 말씀하시기를 나의 음식은 나를 보내신 분의 뜻을 행하고 그분의 일을 완성하는 것이라. 요한복음 4:34

그러나 예수께서 그들에게 대답하시기를 나의 아버지께서 지금 까지 일하시니 나도 일하노라고 하시더라. 요한복음 5:17

아버지께서 죽은 자를 일으켜 살리심같이 아들도 자기가 원하는 자들을 살리느니라. 요한복음 5:21

진실로 진실로 내가 너희에게 말하노니 내 말을 듣고 또 나를 보 내신 분을 믿는 자는 영생을 얻고 정죄에 이르지 아니할 것이며 사망에서 생명으로 옮겨지느니라. 요한복음 5:24

이는 아버지께서 자신 안에 생명을 지니신 것같이 아들에게도 생명을 주시어 아들 안에 지니게 하심이라. 또 아버지께서는 아들에게 심판하는 권세를 주셨으니 이는 그가 인자임이라. 요한복음 5:26, 27

당신이 영생을 가지고 있다면, 자동적으로 마귀의 일을 심판할 권한이 있다.

살리는 것은 영이니 육은 전혀 무익하니라. 내가 너희에게 한 말들은 영이요 생명이라. 요한복음 6:63

예수께서 그들에게 대답하여 말씀하시기를 나의 교리는 나의 것이 아니요 나를 보내신 분의 것이라. 요한복음 7:16

나는 그분을 아노라. 이는 내가 그분으로부터 왔고 또 그분께서 나를 보내셨음이라고 하시더라. 요한복음 7:29

나를 믿는 자는 성경이 말씀한 것과 같이 그의 배에서 생수의 강들이 흐르리라고 하시니. 요한복음 7:38

살아가야 할 말씀 261

주께서 그들에게 말씀하시기를 너희는 아래서 났고 나는 위에서 났으며 너희는 이 세상에 속하나 나는 이 세상에 속하지 아니하노라.

요한복음 8:23

나를 보내신 분이 나와 함께 계시느니라. 아버지께서는 나를 홀로 남겨 두지 아니하셨으니 이는 내가 언제나 그분을 기쁘게 하는 일들을 행하기 때문이라고 하시니라.

요한복음 8:29

예수께서 그들에게 말씀하시기를 하나님이 너희의 아버지라면 너희는 나를 사랑하리라. 이는 내가 하나님께로부터 나와서 여기에 왔으며 나 스스로 온 것이 아니요 그분이 나를 보내셨음이라.

요한복음 8:42

하나님께로부터 나온 사람은 하나님의 말씀들을 듣느니라. 너희는 하나님의 말씀들을 듣지 아니하나니 이는 너희가 하나님으로부터 나오지 않음이라고 하시니라.

요한복음 8:47

또 너희는 그분을 모르지만 나는 아노라. 만일 내가 그분을 모른다고 말한다면 나도 너희처럼 거짓말쟁이가 되리라. 그러나 나는 그분을 알고 또 그분의 말씀을 지키노라.

요한복음 8:55

예수께서 대답하시기를 이 사람이나 그의 부모가 죄를 지은 것이 아니요 오직 그 사람 안에서 하나님의 일들을 나타내고자 함이라. 때가 낮일 동안에 나는 나를 보내신 분의 일들을 행하여야 하리라. 밤이 오면 그때는 아무도 일할 수 없느니라. 내가 세상에 있는 동안 나는 세상의 빛이라고 하시니라.   요한복음 9:3-5

내 양들은 내 음성을 들으며 나는 그들을 알고 그들은 나를 따르느니라.   요한복음 10:27

만일 내가 내 아버지의 일들을 하지 아니한다면 나를 믿지 말라. 그러나 내가 행한다면 비록 너희가 나를 믿지 않는다 해도 그 일들은 믿으라. 그리하면 아버지께서 내 안에 계시며 또 내가 그분 안에 있는 것을 너희가 알게 되고 또 믿게 되리라고 하시니라.   요한복음 10:37, 38

이는 내가 스스로 말한 것이 아니고 나를 보내신 아버지께서 내가 말할 것과 이를 것을 명하셨음이니 나는 그분의 계명이 영생임을 아노라. 그러므로 내가 말하는 것은 무엇이나 아버지께서 나에게 말씀하신 것을 그대로 이르는 것이라고 하시더라.   요한복음 12:49, 50

만일 너희가 나를 알았더라면 내 아버지도 알았으리라. 이제는 너희가 그분을 알고 또 보았느니라고 하시니.   요한복음 14:7

진실로 진실로 내가 너희에게 말하노니 나를 믿는 자는 내가 하는 일들을 할 것이요 또 이보다 더 큰 일들을 할 것이라. 이는 내가 내 아버지께로

가기 때문이라. 또 너희가 내 이름으로 무엇이든지 구하면 내가 그것을 행하리니 이는 아버지로 아들 안에서 영광을 받으시게 하려는 것이라. 너희가 무엇이나 내 이름으로 구하면 내가 행하리라.   요한복음 14:12-14

또 내가 아버지께 기도하겠고 그분께서 또 다른 위로자를 너희에게 주시리니 그가 너희와 함께 영원히 거하시리라. 진리의 영인 그를 세상은 영접할 수 없으니 이는 세상이 그를 보지도 못하며 또한 알지 못하기 때문이라. 그러나 너희는 그를 아나니 이는 그가 너희와 함께 거하시며 또 너희 안에 계실 것임이라.   요한복음 14:16-17

그 날에는 내가 내 아버지 안에 있고 또 너희가 내 안에 내가 너희 안에 있는 것을 너희가 알게 되리라.   요한복음 14:20

나는 참 포도나무요 나의 아버지는 농부시라. 내 안에서 열매를 맺지 못하는 가지마다 그분께서 제거해 버리시고 열매를 맺는 가지마다 정결케 하시어 더 많은 열매를 맺게 하시느니라. 이제 너희는 내가 너희에게 일러준 말을 통하여 깨끗해졌느니라. 내 안에 거하라. 그러면 나도 너희 안에 거하리라. 가지가 포도나무에 붙어 있지 아니하면 스스로 열매를 맺을 수 없듯이 너희도 내 안에 거하지 아니하면 역시 그렇게 되리라. 나는 포도나무요 너희는 그 가지들이라. 그가 내 안에 내가 그 안에 거하면 그 사람은 많은 열매를 맺느니라. 이는 나를 떠나서는 너희가 아무 것도 할 수 없기 때문이라.   요한복음 15:1-5

만일 너희가 세상에 속한다면 세상은 자기 사람들을 사랑할 것이라. 그러나 너희는 세상에 속한 자가 아니요. 내가 너희를 세상으로부터 선택하였느니라. 이로 인하여 세상이 너희를 미워하느니라.

요한복음 15:19

그러나 내가 아버지께로부터 너희에게 보낼 위로자 곧 아버지께로부터 나오시는 진리의 영이 오시면 그가 나에 관하여 증거하시리라. 너희도 처음부터 나와 함께 있었으므로 증거하리라.   요한복음 15:26, 27

그러나 내가 진리를 너희에게 말하노니 내가 가는 것이 너희에게는 유익하니라. 만일 내가 가지 아니하면 위로자가 너희에게 오지 아니하시리라. 그러나 내가 떠나가면 내가 그분을 너희에게 보낼 것이라.

요한복음 16:7

그러나 진리의 영이신 그분이 오시면 너희를 모든 진리로 인도하시리라. 그분은 자신에 관하여 말씀하지 아니하시며 무엇이나 들은 것을 말씀하실 것이요 또 너희에게 다가올 일들을 알려 주시리라.

요한복음 16:13

내가 세상에 속하지 아니한 것같이 그들도 세상에 속하지 않사옵니다.

요한복음 17:16

그러나 나는 이들만을 위하여 기도하는 것이 아니옵고 그들의 말을 통하여 나를 믿을 사람들도 위한 것이옵니다. 이는 그들 모두가 하나 되게 함이오니 아버지시여 아버지께서 내 안에 계시고 내가 아버지 안에 있는 것같이 그들도 우리 안에서 하나가 되게 하여서 세상으로 하여금 아버지께서 나를 보내신 것을 믿게 하여 주옵소서.   요한복음 17:20, 21

또한 나는 그들에게 아버지의 이름을 밝히 알게 하였으며 또 밝히 알게 하리니 이는 아버지께서 나를 사랑하신 그 사랑이 그들 안에 있게 하고 또 내가 그들 안에 있게 하려 함이니이다고 하시더라.   요한복음 17:26

당신은 예수님과 하나이다. 그러므로 예수님 안에 있었던 이 생각을 당신 안에도 있게 하라!

| 저자에 관하여 |

짐 호카데이는 4살 때 거듭나 기독교 집안에서 자랐다. 그는 어린 나이에도 그의 삶에 대한 하나님의 부르심과 말씀을 전파하라는 갈망을 경험하였다.

1983년에 휘튼 대학교를 졸업한 후에, 스퍼로우즈, 트루스, 살아있는 말씀 싱어즈를 포함한 여러 크리스챤 음악 그룹들과 함께 여행하며 사역을 하였다.

하나님이 짐의 마음에 하나님을 더 알고자 하는 강한 갈망을 주셨을 때, 그는 레마 성경 훈련 센터를 다녔고 1988년에 졸업하였다. 졸업 직후, 그는 레마 싱어즈와 밴드에 합류하여 케네스 E. 해긴 목사님과 그룹과 함께 거의 7년 동안 널리 여행하였다.

1994년 이후로, 짐은 케네스 해긴 사역의 기도와 치유학교의 코디네이터가 되어 기도학교와 치유학교에서 매일 사역하였다. 짐의 마음의 갈망은 다른 사람들이 하나님과 생생한 관계를 형성하도록 돕는 것이었다. 어떤 사역이 예수님의 사역을 닮기 시작하면 다음 단계는 다른 사람들을 가르치고 멘토링해서 같은 일을 하게 하는 것이다. 이 필요가 짐의 삶에 대한 부르심 이면에 있는 열정과 동기부여가 되었다.

1991년에 짐은 짐 호카데이 사역 주식회사를 설립하였다. 그는 수년에 걸쳐 여행하면서 미국과 해외에 있는 교회에서 가르쳤다. 그는 또한 전 세계에 있는 여러 레마 성경 훈련 센터를 여행하고 사역할 수 있는 특권을 누렸다.

짐은 털사 지역에서 아내 에린(레마 성경 훈련 센터 1991년 졸업생이자 2년 반 동안 레마 싱어즈와 밴드의 이전 멤버였다.)과 어린 딸 앨리, 드류, 클로에와 거주하고 있다.

믿음의말씀사 출판물

구입문의 : 031-8005-5483 http://faithbook.kr

■ 케네스 해긴의 「믿음 도서관」 책들
- 새로운 탄생
- 재정 분야의 순종
- 나는 지옥에 갔다 왔습니다
- 하나님의 처방약
- 더 좋은 언약
- 예수의 보배로운 피
- 하나님을 탓하지 마십시오
- 네 주장을 변론하라
- 셀 모임에서 성령인도 받기
- 안수
- 치유를 유지하는 법
- 사랑은 결코 실패하지 않습니다
- 하나님께서 내게 가르쳐 주신 형통의 계시
- 왜 능력 아래 쓰러지는가?
- 다가오는 회복
- 잊어버리는 법을 배우기
- 위대한 세 단어
- 하나님의 은사와 부르심
- 그 이름은 "놀라우신 분"
- 우리에게 속한 것을 알기
- 성령을 받는 성경적인 방법
- 하나님의 영광
- 은혜 안에서의 성장을 방해하는 다섯 가지
- 사랑 가운데 걷는 법
- 바울의 계시: 화해의 복음
- 당신은 당신이 말하는 것을 가질 수 있습니다
- 그리스도 안에서
- 말
- 방언기도의 능력을 풀어 놓으라
- 옳은 사고방식 틀린 사고방식
- 속량 – 가난, 질병, 영적 죽음에서 값 주고 되사다
- 네 염려를 주께 맡겨라
- 예언을 분별하는 일곱 단계
- 절망적인 상황을 반전시키기
- 당신의 믿음을 풀어 놓는 법
- 진짜 믿음
- 믿음이란 무엇인가
- 그리스도께서 지금 하고 계시는 일
- 충분하고도 넘치는 하나님 엘 샤다이
- 금식에 관한 상식
- 하나님의 말씀 : 모든 것을 고치는 치료제
- 가족을 섬기는 법
- 조에
- 당신이 알아야 하는 신유에 관한 일곱 가지 원리
- 여성에 관한 질문들
- 인간의 세 가지 본성
- 몸의 치유와 속죄
- 크게 성장하는 믿음
- 하나님 가족의 특권
- 기도의 기술
- 나는 환상을 믿습니다
- 병을 고치는 하나님의 말씀
- 영적 성장
- 신선한 기름부음
- 믿음이 흔들리고 패배한 것 같을 때 승리를 얻는 법
- 믿음의 선한 싸움을 싸우는 법
- 하나님의 계획과 목적과 추구
- 예수 열린 문
- 믿음의 계단
- 당신을 향한 하나님의 계획
- 역사하는 기도
- 기름부음의 이해
- 내주하시는 성령 임하시는 성령
- 재정적인 번영에 대한 성경적 열쇠들
- 어떻게 하나님의 영으로 인도받을 수 있는가?
- 마이더스 터치
- 치유의 기름부음
- 그리스도의 선물
- 방언
- 믿는 자의 권세(생애기념판)
- 믿음의 양식
- 승리하는 교회

■ E. W. 케년
- 십자가에서 보좌까지 무슨 일이 일어났는가?
- 두 가지 의
- 놀라우신 그 이름 예수
- 하나님 아버지와 그분의 가족
- 나의 신분증
- 두 가지 생명
- 새로운 종류의 사랑
- 그분의 임재 안에서
- 속량의 관점에서 본 성경
- 두 가지 지식
- 피의 언약
- 숨은 사람
- 두 가지 믿음
- 새로운 피조물의 실재

■ 스미스 위글스워스
- 스미스 위글스워스의 천국
- 스미스 위글스워스의 매일묵상
- 위글스워스는 이렇게 했다
- 스미스 위글스워스의 능력의 비밀

■ T. L. 오스본
- 행동하는 신자들
- 기적 – 하나님 사랑의 증거
- 새롭게 시작하는 기적 인생
- 좋은 인생
- 성경적인 치유
- 능력으로 역사하는 메시지
- 100개의 신유 진리
- 24 기도 원리 7 기도 우선순위
- 하나님의 큰 그림
- 긍정적 욕망의 힘
- 당신은 하나님의 최고의 작품입니다

■ 잔 오스틴
- 믿음의 말씀 고백기도집
- 하나님의 사랑의 흐름
- 견고한 진 무너뜨리기
- 초자연적인 흐름을 따르는 법
- 당신의 운명을 바꿀 수 있습니다
- 어떻게 하나님의 능력을 풀어놓을 수 있는가?

■ 크리스 오야킬로메
- 여기서 머물지 말라
- 이제 당신이 거듭났으니
- 당신의 인생을 재창조하라
- 이 마차에 함께 타라
- 그리스도 안에 있는 당신의 권리
- 성령님과 당신
- 성령님이 당신 안에서 행하실 일곱 가지
- 성령님이 당신을 위해 행하실 일곱 가지
- 기적을 받고 유지하는 법
- 하나님께서 당신을 방문하실 때
- 올바른 방식으로 기도하기
- 당신의 믿음을 역사하게 하는 법
- 끝없이 샘솟는 기쁨
- 기름과 겉옷
- 약속의 땅
- 하나님의 일곱 영
- 예언
- 시온의 문
- 하늘에서 온 치유
- 효과적으로 기도하는 법
- 어떤 질병도 없이
- 주제별 말씀의 실재
- 마음의 능력

■ 앤드류 워맥
- 당신은 이미 가졌습니다
- 은혜와 믿음의 균형 안에 사는 삶
- 하나님의 참된 본성
- 하나님은 당신이 건강하기 원하십니다
- 영 · 혼 · 몸

- 전쟁은 끝났습니다
- 믿는 자의 권세
- 새로운 당신과 성령님
- 노력 없이 오는 변화
- 하나님의 충만함 안에 거하는 열쇠
- 더 좋은 기도 방법 한 가지
- 재정의 청지기 직분
- 하나님을 제한하지 마라
- 하나님의 뜻을 발견하고 따라가며 성취하라
- 하나님의 참 본성

■ 기타 「믿음의 말씀」 설교자들
- 성령의 삶 능력의 삶
- 복을 취하는 법
- 주는 자에게 복이 되는 선물
- 믿음으로 사는 삶
- 붉은 줄의 기적
- 당신이 말한 대로 얻게 됩니다
- 예수–치유의 길 건강의 능력
- 성령 안의 내 능력
- 존 G. 레이크의 치유
- 믿음과 고백
- 임재 중심 교회
- 성령충만한 그리스도인의 지침서
- 열정과 끈기
- 제자 만들기
- 어떻게 교회를 배가하는가
- 운명
- 모든 사람을 위한 치유
- 회복된 통치권
- 그렇지 않습니다
- 당신의 자녀를 리더로 훈련하라
- 오순절 운동을 일으킨 하나님의 바람
- 주일 예배를 넘어서

■ 김진호 · 최순애
- 왕과 제사장
- 믿음의 반석
- 새 언약의 기도
- 새로운 피조물 고백기도집(한글판/한영대조판)
- 성령 인도
- 복음의 신조
- 존중하는 삶
- 성경의 세 가지 접근
- 말씀 묵상과 고백
- 그리스도의 교리
- 영혼 구원
- 새로운 피조물
- 믿음의 말씀 운동의 뿌리
- 1인 기업가 마인드
- 내 양을 치라